Du même auteur

Aimer en vérité, éditions Artège, 2014

Imprimatur
Versailles, le 1er février 2016
P. Patrick Bonafé, Vicaire Général

Éditions Artège
10, rue Mercœur - 75011 Paris
9, espace Méditerranée - 66000 Perpignan

www.editionsartege.fr.

ISBN : 978-2-360-40876-4

CATHOLIQUES,
ENGAGEONS-NOUS !

Abbé Pierre-Hervé Grosjean

CATHOLIQUES, ENGAGEONS-NOUS !

ARTÈGE

À mes parents, frère, sœurs et belle-sœur
engagés à leur façon,
soutiens précieux de ma vocation.

À l'équipe du Padreblog,
amis et frères présents, heureux de servir ensemble.

À tous mes frères prêtres, fidèles à servir, « malgré fatigue et contradictions »,

À tous ces chrétiens, jeunes et moins jeunes, qui m'ont souvent édifié par leur courage, leur force d'âme et leur dévouement dans leurs engagements.

À cette génération qui se lève, si fragile et si généreuse à la fois, qui fait mon espérance,
et que je voudrais servir de tout mon cœur de prêtre.

À mon pays, la France,
dont j'aimerais qu'elle retrouve la foi chrétienne
qui a fait sa grandeur, sa générosité et son rayonnement.

Préface

Dès ses premières lignes, la constitution de Vatican II sur l'Église dans ce monde dit à quel point « les joies et les espoirs, les tristesses et les angoisses des hommes de ce temps » trouvent écho dans le cœur des disciples du Christ. Quand elle ajoute que « la communauté des chrétiens se reconnaît donc réellement et intimement solidaire du genre humain et de son histoire[1] », on comprend que le mot résignation ne peut pas faire partie du vocabulaire chrétien.

Depuis deux mille ans en effet, les chrétiens ne se résignent pas. Ils sont convaincus que le Christ les convoque pour agir dans ce monde et qu'on ne peut pas rester sans rien tenter, rien dire, ni rien faire ! En réalité, il n'y a que deux obstacles majeurs à ce programme d'action : notre péché et notre peur. C'est le mérite du livre de l'abbé Grosjean de s'attacher à traiter le deuxième, sans nier le premier.

Avec ses confrères du *Padreblog*, Pierre-Hervé Grosjean nous a en effet habitués à entendre de façon tonique l'appel du saint pape Jean-Paul II : « N'ayez pas peur ! »

1. Concile Vatican II, Constitution *Gaudium et spes*, n°1.

L'histoire montre tout ce que nous devons au premier pape slave. Pourtant, celui-ci avait tout pour être découragé ou désespéré : orphelin de mère à neuf ans, il perd son seul frère trois ans plus tard et son père à l'âge de vingt-et-un ans. Il devra en outre affronter le totalitarisme nazi, puis soviétique dont les effets ont été particulièrement douloureux, et même sanglants, dans sa Pologne natale. Beaucoup auraient renoncé pour bien moins, mais pas lui, authentique disciple de l'Évangile, courageux, fidèle et toujours désireux de servir.

Notre monde et notre pays ont un besoin urgent de ce genre de disciples, des figures toujours nouvelles et étonnantes, celles que l'on voit déjà décrites dans le texte célèbre et fort ancien de l'épître à Diognète : « Les chrétiens se conforment aux usages locaux, tout en manifestant les lois extraordinaires et vraiment paradoxales de leur république spirituelle. »

Nul besoin d'être pape ou prêtre pour arriver à répondre à cet appel ! C'est en ce sens qu'il est opportun de remettre la notion de l'engagement au cœur de la réflexion des catholiques de France. Rien ne peut ni ne doit les décourager. C'est leur mission de chrétiens, c'est leur raison d'être, le cœur de leur vocation de baptisés et confirmés, qui se résume dans la dernière consigne laissée par Jésus avant l'Ascension : « Vous allez recevoir une force [...], vous serez mes témoins » (Ac 1, 8).

Comme beaucoup d'autres, je sais à quel point il peut être difficile, voire héroïque, de rester fidèles. En parodiant saint Paul (*cf.* Gal. 2, 20), je dirais que ce n'est pas nous qui restons fidèles au Christ ; c'est Lui qui nous garde fidèles à Son amour, au cœur d'une société devenue indifférente, et parfois hostile. C'est Lui qui nous fortifie dans la conviction que la fontaine intarissable de sa Miséricorde l'emportera toujours sur la haine, la violence et même sur la mort. C'est bien ce monde que le Seigneur nous demande et nous commande d'aimer et de servir. C'est pour lui qu'il s'est donné sur la croix, offrande que nous renouvelons à chacune de nos eucharisties.

Fuyant donc toute résignation, entre réalisme et espérance, l'abbé Grosjean tient un propos encourageant et mobilisateur. Il est sans cesse en contact avec les jeunes adultes et il sait comment leur parler. Ce sera une joie pour moi de voir cet ouvrage porter du fruit. Dans ma prière, je demande au Seigneur qu'il puisse nourrir l'engagement de la génération qui vient et que… nous savons si généreuse !

† Cardinal Philippe Barbarin
Archevêque de Lyon

INTRODUCTION

Image et parole prophétiques d'un pape

Samedi 20 août 2011, vingt heures. Le pape Benoît XVI préside la veillée finale des Journées Mondiales de la Jeunesse à Madrid. Une foule immense de jeunes – on parle de près de deux millions de participants venus du monde entier – l'a attendu des heures sous un soleil de plomb. Maintenant la nuit est tombée, la veillée commence. Soudain, un orage effrayant éclate et une pluie torrentielle se met à tomber. Des bourrasques de vent écroulent un portique, le vacarme est impressionnant. La grande scène sur laquelle le pape se tient tremble de partout. Le spectacle est dantesque ! Les luminaires s'agitent, le son ne fonctionne plus. Sur les écrans géants, on voit les gardes du corps s'inquiéter, puis demander au pape de se retirer, par sécurité. On sent une vive tension autour du Saint-Père. Mais quelque chose d'incroyable se passe alors. Au cœur de la tempête, toute la jeunesse de l'Église se met à scander le nom du vieux pontife et chante pour l'encourager. Et lui – ne pouvant plus parler, la sono étant devenue muette – montre qu'il a décidé de rester là, avec nous, au milieu de « ses » jeunes, malgré ou… à cause de la tempête. Un père n'abandonne pas ses enfants! Les rafales de pluie ne l'épargnent pas, mais il nous encourage et nous sourit. Tout aussi soudainement, la tempête va s'apaiser. Le pape remercie les jeunes… et, sautant une large partie du discours prévu, nous fait entrer immédiatement dans le silence de l'adoration: le Saint-Sacrement est exposé, le pape s'efface devant Jésus. Il entraîne avec lui dans la prière deux millions de jeunes qui communient dans une même foi et dans une même paix. Quelle image forte et bouleversante, que je méditerai encore longtemps!

L'Église qui tient au cœur de la tempête; le pape âgé encouragé par la générosité de cette jeunesse joyeuse et tumultueuse; les jeunes encouragés par ce pape au cœur de père, qui ne les abandonne pas, même pour se mettre en sécurité… Ce pape si caricaturé par les médias, parfois même au sein de l'Église, par ceux qui le surnommaient le « *Panzerkardinal* », le voici à genoux, s'effaçant devant l'Autre, avec pour seul souci de montrer à la génération qui vient le véritable Sauveur, celui-là seul qui peut combler leur soif d'absolu.

Le lendemain, le pape célèbre la messe de clôture. À la fin de la messe, il prononce quelques mots d'envoi, pour chaque groupe linguistique. Je n'oublierai pas ceux qu'il a choisi de prononcer pour les jeunes francophones : « Soyez des témoins *décomplexés* ! » Jamais cet adjectif quelque peu étonnant n'avait été utilisé auparavant. Est-ce un message spécial pour les Français ? J'aime à le croire, tant il correspond bien à l'état d'esprit qu'il nous faut aujourd'hui cultiver. En tout cas, cet appel a été entendu…

Depuis, Benoît a humblement laissé la place à François. On comprendra un jour ce qu'on doit à ce pape si doux et si humble, martyr de la vérité dont il a été le coopérateur, une vérité qu'il a défendue et expliquée au prix de sa popularité médiatique. Avec son style si différent et son exigence radicale si bousculante, le pape François nous entraîne à son tour à ne pas nous contenter de « regarder le monde depuis le balcon[2] ».

L'engagement, service et témoignage

Jean-Paul II, Benoît XVI, François… Trois papes qui auront marqué nos générations en ce début du troisième millénaire. Trois papes qui auront eu à cœur d'encourager les catholiques, les jeunes en particulier, à redécouvrir la joie de croire, la beauté de l'exigence de la vie chrétienne, l'urgence de témoigner et d'annoncer au monde cet amour qui sauve. Encouragé par leurs paroles,

2. Discours du pape aux étudiants des universités romaines, 30 novembre 2013.

éclairé par leurs enseignements et profondément marqué par leur exemple, je voudrais méditer dans ce petit livre la question de l'engagement des catholiques dans la société et réfléchir aux fondements spirituels de cet engagement.

Expliquons ce que j'entends par « engagement » ou « vie engagée », puisque ces mots vont revenir souvent par la suite. Il y a pour moi deux dimensions à l'engagement : le service et le témoignage.

Le service d'abord : nous engager, c'est décider de mettre notre vie – conjugale, familiale, professionnelle, associative, sociale, amicale – au service d'une cause qui nous dépasse.

Pour un chrétien, cette cause est double : il s'agit d'abord de servir le bien commun, c'est-à-dire de participer à l'établissement des conditions de vie et de travail, des institutions et des lois, qui permettent et facilitent au plus grand nombre possible l'accomplissement de leur vocation d'homme ou de femme et leur épanouissement dans toutes leurs potentialités y compris dans leur dimension spirituelle. En un mot, le chrétien voudrait permettre que ceux qui lui sont confiés – ceux qui vivent à ses côtés, ceux qui lui sont subordonnés, ceux avec lesquels il travaille, étudie ou se lie d'amitié – puissent grandir et s'accomplir. C'est ce désir de servir qui va l'encourager à lutter pour la justice sociale, la paix, le respect de la vie, de la famille, le soin des plus fragiles ou des plus pauvres, l'éducation, la sécurité, etc.

La deuxième cause que le chrétien veut servir, c'est l'avènement du règne de Dieu dans les âmes et dans le monde. « Que ton règne vienne ! » dit-il chaque fois qu'il prie en récitant le Notre Père. Il veut lutter contre toute forme de mal qui éloigne l'homme de Dieu et abîme sa dignité de créature. Il veut faire découvrir à chacun l'amour de Dieu qui sauve, en essayant de transmettre les vérités de la foi et en favorisant pour cela la mission de l'Église.

Le témoignage ensuite : nous engager, c'est aussi témoigner de Celui qui nous fait vivre. Nous engager, c'est, à un moment donné, assumer auprès des autres que nous sommes disciples de Jésus-Christ et que nous puisons dans cette identité chrétienne les raisons de notre action. Cela ne veut pas dire qu'on s'affiche chrétien à tort et à travers, sans discernement, en tout temps et en tout lieu. La vertu de prudence demeure valable. Mais qu'elle ne devienne pas pour autant de la lâcheté ! Il faut trouver l'occasion de le dire. Un chef d'entreprise me confiait par exemple qu'à chaque décès dans la famille de l'un de ses salariés, il terminait l'échange qu'il avait avec la personne concernée par une promesse : « Je prierai pour vous et votre défunt. » Le salarié en était toujours à la fois surpris et profondément touché. Dire à un ami de classe, un collègue, un patron ou une voisine qui traverse une épreuve qu'on va prier : voilà une belle manière, parmi tant d'autres, de révéler sa foi !

À une certaine époque, des chrétiens ont pris l'habitude de ne jamais dire qu'ils l'étaient. On a appelé cela « l'enfouissement », « le levain dans la pâte ». On fait le bien sans dire qu'on est chrétien. Mais s'engager sans *jamais* dire les raisons profondes de son engagement, sans jamais évoquer Celui qui est l'âme de cet engagement et sa finalité ultime, c'est priver les autres de la chance de pouvoir s'interroger. C'est aussi se condamner à disparaître dans l'esprit des autres et de l'espace public. Il ne faut pas se plaindre ensuite des tentatives laïcistes de cantonner la foi à la vie privée ! C'est bien souvent les catholiques eux-mêmes qui s'autocensurent... Pourquoi seuls les catholiques hésitent aujourd'hui encore à assumer tranquillement et simplement qu'ils le sont dans le monde de l'entreprise, en politique ou dans l'éducation ? Les autres religions n'ont guère ces scrupules ni cette peur. Certains hurleront « laïcité, laïcité » ? Et alors ? L'État est laïc, la société ne l'est pas.

Dire qu'on est chrétien ne veut pas dire qu'on va privilégier injustement nos frères de religion dans un jugement rendu ou dans un contrat – les catholiques sont trop scrupuleux pour même y penser ! – ou qu'on cherche à imposer notre foi à tous. C'est dire simplement ce qu'on est. Comme on dit qu'on est, par exemple, marié ou breton. Cela fait partie de nous. Pourquoi mettre autant de soin à le cacher ? Nous ne sommes pas adeptes du secret, comme les francs-maçons. Nos œuvres n'ont rien à craindre de la lumière, contrairement aux leurs. Si nous ne nous rendons pas visibles, on finit par croire que les catholiques sont absents ; le seul qui osera évoquer sa présence à la messe de dimanche dernier passera du coup pour un Martien. Si on sent les catholiques craintifs ou complexés, cela donne encore plus envie de les enfoncer ! Alors qu'on respectera plus facilement celui qui assume sa foi sans complexe ni fanfaronnerie ; on le sent fort dans ses convictions, solide et debout, sans être agressif. Rappelons-nous Benoît XVI à Madrid : « Soyez des témoins décomplexés. » Cela nous forcera surtout à être meilleurs : car à partir du moment où l'on sait que vous êtes catholique, c'est peu de dire que vous êtes attendu au tournant. Dans l'esprit de vos collègues, au-delà des moqueries initiales, on attend de vous que vous soyez quelqu'un de bien. Sinon, on aura tôt fait de crier à l'hypocrisie. Au fond, beaucoup plus de personnes qu'on ne le croit attendent ce témoignage des chrétiens et le respectent s'il est authentique.

Encourager l'engagement

S'engager, c'est-à-dire servir et témoigner, par sa vie personnelle, professionnelle, sociale, associative… L'Église sait combien cela peut devenir difficile dans une société déchristianisée. Elle entend aussi le grand désir d'engagement présent dans le cœur de nombreux catholiques. Elle veut nous encourager, avec franchise et confiance.

Jean-Paul II, Benoît XVI et François, chacun à leur manière, ont su évoquer clairement et sans naïveté les combats que les chrétiens ont à mener dans ce monde. Pourtant, ils n'ont jamais manqué de transmettre en même temps une profonde espérance. Lucidité du constat, franchise et courage sur les défis à affronter, espérance joyeuse et paisible sur l'issue : voilà ce qu'il faut réussir à tenir en même temps, afin de ne pas tomber ni dans un « déclinisme » sans espérance, ni dans un optimisme béat et passif qui ruine tout engagement. Les propos qui suivent, s'ils sont francs et directs, se veulent surtout encourageants et pleins d'espérance. Je le dis dès maintenant, car c'est avec cette certitude ancrée dans le cœur qu'il faut entendre ce qui va suivre : l'ascension aussi rude soit-elle ne nous fera jamais douter de la beauté ni de la joie du sommet… Il en va ainsi de tous nos engagements, de notre mission dans ce monde et de nos vocations respectives.

Une autre précision. Les papes parlent à l'Église universelle et ont le souci de la situation des chrétiens dans le monde entier. Bien modestement, je voudrais me limiter à la situation française que je connais, même si ce que je vais dire peut sans doute s'appliquer – en partie au moins – à quelques autres pays européens. Mais la France garde une place particulière dans l'Église par son histoire.

Et si la situation de notre pays n'est pas celle de beaucoup d'autres, ce qui se passe en France – pour le meilleur et pour le pire, y compris dans le domaine religieux – n'est jamais complètement anodin pour le reste du monde.

Enfin, loin d'être un ouvrage « universitaire » avec une foule de références et de citations, je voudrais plutôt avec ce petit livre – que je veux simple d'accès, concret et pas trop long pour que tous puissent facilement le lire ! – encourager en particulier les jeunes à s'engager d'une façon ou d'une autre dans ce monde qui leur est confié. Je suis témoin de la générosité de beaucoup et je voudrais que rien ne la décourage. Si ce petit livre peut confirmer, fonder, enraciner et fortifier chacun dans le désir de vivre sa vie de façon donnée et engagée, non pour soi mais pour les autres… alors, il aura été utile, après beaucoup d'autres. Pour ne pas être trop long, je ne pourrai pas « tout dire », mais on trouvera à la fin de ce livre les titres de quelques ouvrages plus fouillés pour poursuivre la réflexion et l'approfondir. Ils compléteront précieusement ce qui va être dit ici rapidement.

UNE DOUBLE RÉVOLUTION

Les générations d'après Mai 1968 sont au cœur d'une double révolution dont on n'a pas fini de mesurer les effets. Il nous faut commencer par faire ce constat, tant il va changer le rapport que les chrétiens peuvent avoir avec le monde. L'examen est douloureux mais il doit être franc. On ne peut bâtir un discours efficace, une stratégie gagnante ou encore un plan d'action qu'en partant du réel, que celui-ci nous plaise ou non. Il ne s'agit pas de se plaindre encore une fois, mais de simplement dresser un constat afin de mieux penser et agir.

Une révolution spirituelle

Nous assistons à l'effondrement du christianisme en France.

Dieu merci, disons-le tout de suite, il se porte bien ailleurs ! Au niveau mondial, le nombre de chrétiens continue d'augmenter. En Afrique, en Asie, en Amérique du Sud, le christianisme progresse, les séminaires sont remplis, les baptêmes se multiplient...

Dans la vieille Europe et en France, le christianisme s'effondre. On peut dire ce qu'on veut, les chiffres sont implacables et ne mentent pas. Si une petite majorité de Français se disent encore catholiques[3], seul un enfant sur trois est désormais baptisé[4]. En 1990, plus d'un couple sur deux se mariait à l'église. Vingt ans plus tard, ils sont moins d'un sur trois[5]. Si rien ne change, dans quelques années, la population française ne sera plus majoritairement catholique. C'est une révolution sans précédent dans l'histoire de notre pays, depuis la première évangélisation de la Gaule. Le taux de pratique est déjà dramatiquement faible : 2 à 5 % des Français assurent « pratiquer » leur foi catholique, en particulier en allant à la messe. Les enquêtes montrent que sur les grands sujets sociétaux, politiques ou éthiques, l'avis des catholiques non pratiquants est devenu identique à celui des Français non croyants. Seuls se démarquent désormais réellement les catholiques pratiquants : une foi mise en pratique,

3. 56 % selon une enquête de l'institut CSA en 2012 : http://www.csa.eu/multimedia/data/etudes/etudes/etu20130329-note-d-analyse-csa-decrypte-mars-2013.pdf

4. Étude du journal *La Croix* de juin 2014 : http://www.la-croix.com/Religion/Actualite/Baptemes-mariages-pretres-l-Église-de-France-en-cartes-2014-06-06-1190969.

5. Sources : Conférence des Évêques de France et INSEE.

cultivée et formée continue en effet d'avoir un impact sur les choix de vie du quotidien.

Le paysage culturel et spirituel de notre pays s'en trouve considérablement modifié et le maillage paroissial ne peut plus tenir. Ces églises que les Français ne remplissent plus sont laissées à l'abandon. Les mairies ne peuvent plus les entretenir ou renâclent à le faire. Déjà certains proposent de les transformer, qui en salle de spectacle, qui en... mosquées[6]. Les familles ne donnent plus les vocations sacerdotales qui permettraient de maintenir un curé dans chaque ville ou chaque village. L'âge médian du clergé tourne autour de 70-75 ans[7] et beaucoup de nos vieux prêtres, admirables dans leur fidélité à servir jusqu'au bout, savent qu'ils ne seront pas remplacés. Les cloches vont se taire dans des régions entières. Elles se taisent déjà dans beaucoup d'endroits, ou ne sonnent plus que pour les enterrements... Que dire de ces monastères qui ont été le fer de lance de l'évangélisation de la France ? À part quelques-uns, souvent les plus fidèles au désir d'absolu originel des règles de leur ordre, beaucoup ont fermé ou peinent sous le poids des bâtiments à entretenir,

---

6. C'est la proposition de M. Dalil Boubakeur ; voir la réponse de Padreblog ici : http://www.padreblog.fr/faute-de-mosquees-des-Églises
7. Étude de *La Croix* en juin 2010 : en France, les prêtres de plus de 75 ans sont aussi nombreux que ceux âgés de moins de 75 ans ! http://www.la-croix.com/Religion/Actualite/La-carte-de-France-des-pretres-_NG_-2010-05-20-551782 Entre 1990 et 2010, selon les chiffres donnés par la Conférence des évêques de France, le nombre de prêtres en France a été divisé par deux.

trop lourd pour les quelques vieux frères ou moniales qui restent. Il ne faut pas non plus oublier toutes ces congrégations religieuses qui étaient insérées dans le tissu social de notre pays et qui rayonnaient bien au-delà de la sphère catholique. Toutes ces sœurs enseignantes ou garde-malades, toutes ces religieuses et ces frères au service des plus pauvres, des plus démunis, s'éteignent doucement sans avoir trouvé de successeurs... Ce ne sont pas les quelques vocations venues de l'étranger qui doivent nous rassurer. Elles ne sont qu'un pansement sur un mal plus profond.

Le constat est sans appel : il n'y a plus de prêtres parce qu'il n'y a plus la foi. Cette foi chrétienne qui imprégnait la vie de tant de Français rendait possible et naturelle l'idée même de donner sa vie pour Dieu. Cette foi chrétienne marquait la vie de nos villes et de nos villages. On était chrétien, sans l'avoir choisi, on le demeurait sans se poser trop de questions... et même ceux qui se vantaient de ne pas l'être savaient ce que cela voulait dire ! Car ce ne sont pas seulement les églises qui s'effondrent, mais la connaissance même du message chrétien. Les grands-parents ne suffisent plus : la transmission semble rompue. C'est ce qu'on appelle la sécularisation.

Contrairement à ce que les catholiques eux-mêmes pensent parfois, la France n'est pas devenue « christianophobe » mais simplement ignorante et le plus souvent indifférente. Elle ne sait plus ce qu'elle est, n'apprend plus à ses enfants qu'ils sont les héritiers des premiers martyrs de Lyon, de Clovis et de ses soldats baptisés avec lui, des saints et des saintes qui ont façonné notre pays et fait son histoire. Bien sûr, cette ignorance est le terreau idéal pour que se répande – *via* les médias et l'action militante de certains ténors anticléricaux – une conception très restrictive, voire même agressive, de la laïcité. Mais ce qui me marque le plus, c'est l'ignorance, la méconnaissance et la perte de toute culture religieuse y compris chez les élites médiatiques, économiques ou politiques. En France en 2016, la majorité des enfants grandissent sans connaître Jésus-Christ. Cela participe évidemment à cette profonde crise d'identité que notre pays affronte et que reconnaissent tous les commentateurs.

Je ne pense pas être défaitiste ni pessimiste ! Reconnaître les faits n'est pas du pessimisme, c'est du réalisme. Et c'est la première condition pour espérer ! Notre foi n'est pas une négation du réel. Nos engagements ne sont pas une fuite du réel. Notre idéal s'incarne justement dans ce réel. Il faut donc reconnaître les choses telles qu'elles sont.

D'ailleurs, ce réel n'est pas que négatif. Car si le christianisme s'effondre, cette chute ne fait pas pour autant des chrétiens en France une minorité comme les autres ou parmi les autres. D'abord, on ne raye pas brutalement, d'un simple coup de crayon, 1 500 ans de chrétienté. La France reste un pays chrétien. Aux yeux de l'Église, elle reste « sa fille aînée ». Notre histoire est pour toujours mêlée à celle du christianisme et tout, ou presque, respire encore cet héritage chrétien dans notre société : le droit, la culture, les arts, les monuments, la philosophie, les hôpitaux, nos institutions... notre pays doit tant au christianisme ! Même la laïcité est d'inspiration chrétienne. Notre art de vivre, nos coutumes régionales et nos traditions témoignent de nos racines. Et ces racines sont profondément chrétiennes. Les Français y sont attachés. C'est leur ADN et c'est même un paradoxe : s'ils ne pratiquent plus, ils sont pourtant nombreux à protester quand la messe n'est plus célébrée dans le village ou quand il n'y a plus de prêtres pour les obsèques de leur grand-mère ! C'est même une levée de boucliers quand on imagine transformer les églises en mosquées ou quand un tribunal administratif interdit la crèche de Noël sous prétexte de laïcité. La visibilité toujours plus grande de l'islam entraîne certains à reprendre conscience de leurs racines et à se reposer la question de leur propre héritage.

Beaucoup de nos compatriotes cultivent également une étonnante fascination pour l'Église. Par sa façon d'être, ses paroles simples et directes, ses gestes prophétiques, le pape François a même su favoriser une immense sympathie, bien au-delà des frontières de l'Église. Dans l'inconscient collectif, on voit aussi combien le prêtre reste un homme à part. Son célibat ne laisse personne indifférent et sa joie interpelle. Même son habit, que les jeunes générations ont retrouvé, offre un témoignage direct, visible et remarqué. On attend encore de lui qu'il soit irréprochable, comme s'il devait rester un repère solide pour tous. L'Église reste enfin un signe de contradiction, qui étonne et impressionne, autant par sa capacité de mobiliser, que par la liberté de son discours, la sagesse de sa pensée et la stabilité de son message. Que ce soit pour s'affliger des positions qu'elle défend ou – plus rarement – pour les admirer, les médias ne sont pas silencieux.

Enfin, au cœur même de cette fragilité que connaît la communauté catholique en France, il y a des motifs de joie et des signes d'espérance : les jeunes qui aujourd'hui décident de vivre en chrétiens font un choix difficile, qui les met à contre-courant. Mais c'est du coup un choix de vie authentique, un vrai témoignage, qui exige une réelle force d'âme. D'un christianisme « social » ou « culturel » nous passons à un christianisme de conviction, même s'il ne convient certainement pas d'être aussi binaire : nos anciens avaient vraiment la foi ! Mais tout les portait à cela…

Cette force d'âme est admirable et source d'espérance pour les prêtres de ma génération. Au fil des rencontres, des conférences, des manifestations, des pèlerinages et des retraites, mais aussi au cœur de la vie de ma paroisse, comme à travers les nombreux accompagnements personnels, j'ai pu admirer la générosité de la jeunesse, la foi des familles, le courage de tant de chrétiens qui assument leur foi en tout lieu. La difficulté suscite le courage ! Et il en faut du courage à ces jeunes qui se retrouvent les seuls catholiques pratiquants de leur classe ou de leur promotion. Je rends grâce pour chaque jeune qui a la foi aujourd'hui et qui la garde. Ce n'est jamais anodin, à un âge où l'on a, au contraire, naturellement envie de se fondre dans la masse et d'être comme les autres…

Cette situation nous force à quitter toute tiédeur : c'est la grâce de notre temps ! Une minorité qui ne communique pas, qui n'est pas missionnaire, qui ne rayonne pas, est condamnée à disparaître. La créativité des jeunes catholiques est déjà une belle réponse au drame de la déchristianisation : groupes de prière, utilisation des réseaux sociaux, initiatives en tous genres au service des plus pauvres, de l'évangélisation, comme au cœur des grands combats sociétaux… Les jeunes chrétiens n'ont pas fini d'étonner ce vieux monde, ni de faire trembler les puissants. Ils sont ces veilleurs, paisibles mais résistants, véritable digue humaine, silencieuse et solide, face à la vague libertaire !

Un autre aspect positif de cette fragilité est la liberté qui en découle. Cette situation nous rend en effet très libres : nous n'avons plus à nous excuser d'être majoritaires, ni à nous justifier sans cesse d'exercer une influence qui serait écrasante. Celle-ci n'est plus liée à notre poids mais à notre rayonnement, à notre attitude ou au contenu de notre discours. Nous n'opprimons personne et n'empêchons personne ni d'exister ni de s'opposer à nous... L'Église ne peut être soupçonnée de vouloir conquérir un pouvoir temporel, de relancer l'Inquisition ou d'imposer un mode de vie catholique à tous. Pas plus que ceux qui nous observent, nous ne pouvons nous-mêmes mentionner la « puissance » de l'Eglise, que ce soit pour s'en réjouir ou s'en inquiéter. Cette puissance n'est pas – n'est plus – celle du nombre, des moyens financiers, du pouvoir. Que l'on ne nous parle pas non plus de l'Église de l'Ancien Régime, de Vichy ou d'avant Vatican II : je n'étais pas né. Ma génération n'en est ni responsable ni nostalgique. Voilà de quoi couper court à pas mal d'insinuations grotesques. Évangéliser ne pourra jamais rimer avec « retour en arrière » ou « imposer par la force ». Raison de plus pour évangéliser !

Parmi les signes d'espérance, on peut aussi évoquer les jeunes communautés, plus ou moins nouvelles, les festivals et les sessions d'été, les paroisses ferventes, la multiplication des lieux d'adoration, des groupes de prière, les familles nombreuses et les pèlerinages qui retrouvent une nouvelle jeunesse, les propositions de formation qui font le plein. Tout cela offre à ce pays des oasis auxquelles beaucoup viennent se ressourcer. La France est devenue un désert spirituel. Mais ce drame nous fait redécouvrir l'importance de ces oasis. Comme dans tout désert, beaucoup, bien au-delà des chrétiens fervents, expriment plus ou moins explicitement une soif et retrouvent le chemin de ces lieux de vie[8].

C'est pour cela que je n'ai pas peur du constat, même très douloureux. Je pense en effet comme le Père Matthieu Rougé, pour reprendre le titre de son très bon livre, que *L'Église n'a pas dit son dernier mot.* Simplement, il faut que nous comprenions que quelque chose de très profond a changé : la France est devenue un pays de mission. Je crois que nous n'avons pas encore pris la mesure – y compris dans notre façon de fonctionner dans l'Église – de ce que veulent dire ces quelques mots. La France est désormais un pays de mission, dans une situation encore plus difficile que celle de nos amis d'Afrique. Car il est toujours plus facile de faire découvrir la foi chrétienne à ceux qui ne la connaissent pas et qui ont par conséquent une capacité d'émerveillement intacte, une curiosité très grande et un sentiment religieux profond. Faire redécouvrir la foi à un pays qui l'a abandonnée, certain de ne plus en avoir besoin et désormais désabusé de tout, est autrement plus délicat !

Voilà pour la première révolution, ce changement religieux profond que vit notre pays, comme toute cette vieille Europe sans doute minée par le matérialisme et un orgueil intellectuel si desséchant. Vieux pays de chrétienté, notre France est devenue un pays de mission…

---

8. On pourra lire avec intérêt l'ouvrage de Jean Sevilla, *La France Catholique,* aux éditions Michel Lafon, 2015.

Mais, encore une fois, la difficulté est stimulante! Placés par la Providence en ce pays et à cette époque, nous avons donc été choisis : Dieu sait ce qu'Il permet. La mission en est d'autant plus exaltante!

Une révolution éthique et culturelle

La consultation des manuels de morale de l'école de la République des années 1920-1930 est une source d'étonnement : on a l'impression de lire un catéchisme laïc! À l'école publique, certes, le nom de Dieu est absent. Il est présent dans les manuels des écoles catholiques. Mais au-delà de cette différence – non négligeable! – on retrouve la même morale et les mêmes principes.

Pourquoi ? Parce qu'il y avait encore à cette époque un consensus éthique qui rassemblait tous les Français. Cette morale naturelle que la conscience peut discerner, fondée sur la nature de l'homme, était partagée par tous. La conception de l'homme, de la famille, du couple, du respect de la vie, de la patrie, des droits et des devoirs de chacun, du travail... tout cela était plus ou moins commun à tous les Français. Nous mettions les mêmes réalités derrière les mêmes mots. On pouvait sans trop de difficulté du coup évoquer la notion de bien commun. Croyants et non-croyants pouvaient se rassembler pour construire ensemble les conditions de vie et de travail permettant au plus grand nombre l'accomplissement de leur vocation d'homme ou de femme. La dimension spirituelle de ce bien commun était reconnue, malgré les batailles parfois farouches entre catholiques et anticléricaux. La loi de la République, qui impose par exemple à l'État de financer des aumôniers militaires ou d'hôpitaux, en témoigne encore.

Cette idée de morale universelle, issue d'une loi naturelle reçue par tous et à laquelle les consciences se soumettent, n'a pas résisté à la révolution libérale libertaire. Je ne veux pas passer ici trop de temps à étudier ce courant philosophique, ses racines lointaines et ses penseurs. Disons simplement, car cela va avoir des conséquences très concrètes, que l'idée d'une norme universelle reçue et non choisie est devenue insupportable à une majorité de nos concitoyens. Dans une conception de la liberté qui s'apparente plutôt à une autonomie radicale – « je ne dépends de personne » –, beaucoup ont fait de leur propre désir la seule et unique norme acceptable. C'est le triomphe du subjectivisme sur la vérité universelle. Le désir individuel que nul n'a le droit de juger, et donc de réguler, est exalté comme valeur première et essentielle. C'est le règne du « j'ai envie, donc j'ai le droit » qui sonne l'avènement d'une société de la sincérité – au détriment de la vérité – voire de la compulsivité, puisqu'on ne supporte aucune régulation extérieure. Les lois et les politiques doivent répondre à mon envie et protéger mes droits. Ces droits ne se fondent plus sur une nature humaine reconnue dans sa dignité. Cette nature, que je n'ai pas choisie, n'a pas de valeur. Ses limites – y compris mon identité sexuelle – m'insupportent. Je dois pouvoir choisir ce que je suis. Je ne veux rien devoir à personne et encore moins qu'un autre décide à ma place de ce qui est bon ou mauvais, bien ou mal pour moi.

Le courant libertaire va se faufiler partout, aussi bien à droite qu'à gauche de l'échiquier politique. Le désir « sincère » devient la valeur première et ultime. Qu'importe le réel, il doit se plier à mon désir et ma sincérité. Comment désormais parler d'un bien commun ? Nous n'avons plus rien en commun, puisque chaque désir individuel fait loi ! Il n'y a plus de modèle de famille à encourager : chacun « fait famille » comme il l'entend. Il n'y a plus de « droit à la vie » puisque chacun décide si la vie de l'enfant à venir vaut ou pas la peine d'être vécue. Et si on a envie de mourir, on réclame à la société de nous y aider, sans lui permettre de juger de la valeur de ce qui nous reste à vivre. Il n'y a plus de jour de repos commun à protéger, puisque chacun réclame de choisir s'il désire ou pas travailler le dimanche... Cet ultralibéralisme économique et éthique nourrit une société profondément individualiste et donc violente : quand on ne supporte pas de voir son désir insatisfait ou limité, la tentation de toute-puissance n'est jamais très loin. Le désir du plus fort ou de la majorité risque donc de devenir la nouvelle norme.

Tant pis pour ceux – les plus fragiles en particulier – qui ne peuvent exprimer leur propre désir, ni le défendre.

Pourquoi expliquer tout cela ? Parce que dans sa volonté de servir le bien commun, le chrétien va se retrouver une nouvelle fois à contre-courant. En défendant l'idée même d'un bien commun, d'une dignité ontologique de la personne humaine (fondée sur sa nature), d'une morale universelle ou d'une loi de la conscience qui prime sur celle de la majorité, nous nous retrouvons minoritaires et sommes durement attaqués.

J'en ai pris conscience lors des débats de l'année 2013 autour du projet de la loi Taubira voulant légaliser le mariage homosexuel. Lors d'un débat télévisé sur France 2, la députée Barbara Pompili, présidente du groupe écologiste à l'Assemblée nationale, m'interpellait vivement avec ces termes : « Mais pourquoi répétez-vous qu'un père et une mère, qu'un homme et une femme, sont complémentaires ? En quoi sont-ils complémentaires ? » Et sa voisine, la ministre du Droit des femmes de l'époque, Najat Vallaud-Belkacem, d'acquiescer… J'avoue avoir été surpris ! Étant bien entraîné, je rebondis tout de suite en soulignant le caractère ahurissant de leur question… mais, à la fin du débat, je les rejoignais en coulisses et ne pus m'empêcher de leur demander : « Entre nous, vous pensiez vraiment ce que vous disiez ? Vous ne voyez vraiment pas en quoi un père et une mère sont complémentaires ? » Elles m'ont assuré qu'elles étaient sincères, ne voyant pas en quoi la complémentarité serait moindre entre deux hommes ou deux femmes, qu'entre un homme et une femme…

Ce qui était évident pour tous il y a encore quelques années – croyants ou non –, ne l'est plus du tout. Cette vision de l'homme que nous pouvions partager, cette conception de la famille dans son modèle idéal – ce qui ne nous empêchait pas d'accueillir ceux qui n'étaient pas parvenus à vivre cet idéal – nous étaient communes. Pour le dire autrement, Peppone et Don Camillo, le maire et le curé, parlaient de la même chose et des mêmes réalités quand ils utilisaient les mots « famille » ou « couple » ! Ils avaient en commun un certain nombre de principes qui les rapprochaient, au-delà de leurs querelles quotidiennes. Désormais, le débat est souvent bien plus violent, tant il touche à des désaccords de fond : c'est la conception même de l'homme qui est en jeu, sa vie et sa dignité. Madame Christiane Taubira, alors garde des Sceaux, n'avait pas tort : nous assistons à « une réforme de civilisation ».

Malheur à ceux qui osent s'y opposer ! Malheur à ceux qui résistent au « progrès », puisque ce relativisme généralisé, ce primat de la sincérité, cette idée d'une liberté sans entraves, nous sont imposés comme un progrès. Cela permet habilement de dénoncer ceux qui s'y opposent comme d'ignobles « conservateurs », voire comme des « sans-cœur », des « intolérants », des « intégristes » et j'en passe. Cela justifie même d'employer la violence contre eux – qui va pleurer et défendre les opposants au progrès ? – y compris la violence de l'appareil d'État, comme on a pu le voir lors de la répression totalement démesurée des « Manifs pour Tous » de 2013. Même le Conseil de l'Europe s'en est ému ! Cette répression a été voulue et organisée par le gouvernement en place ; nous ne l'oublierons pas. Même quand les « réacs » en question sont des gamins en poussette, des mères et des pères de famille bien sages, ou des veilleurs inoffensifs, silencieux et immobiles, il a semblé légitime – parce qu'il s'agissait de réacs, présentés comme tels à l'opinion publique – d'envoyer les grenades lacrymogènes et d'embarquer tout le monde au commissariat, avec le silence complice des médias, à deux ou trois exceptions près. Il n'y a pas plus violent qu'un « partisan du progrès »...

Un changement de civilisation... C'est sans doute parce que les chrétiens ont été aux avant-postes pour pressentir le bouleversement moral, culturel, sociétal qui était en jeu qu'ils ont été si nombreux à se mobiliser jusque dans la rue pour essayer d'y résister. C'est aussi parce qu'il est question de notre civilisation, au dire même de ceux et celles qui veulent l'effondrer, que ces événements de 2013 auront été pour beaucoup d'entre nous l'occasion d'une prise de conscience très forte de notre devoir d'engagement. Ce modèle de société auquel nous tenons, nous le pensions évident pour tous. Il ne l'est plus. Nous comprenons que nous en sommes désormais responsables : si nous voulons le promouvoir, il va falloir s'engager et descendre dans l'arène…

Après les attentats du 13 novembre 2015

Comment ne pas ajouter un mot à la suite des attentats dramatiques que la France a connus le vendredi 13 novembre 2015 ? Ce soir-là, les barbares de l'État islamique visent – selon leur propre communiqué de revendication – Paris, « capitale [...] qui porte la bannière de la croix en Europe ». Ils visent ce que nous sommes : notre identité, notre liberté, notre histoire, notre culture, notre foi. C'est toute la société française dans sa diversité qui est visée.

Les islamistes connaissent la fragilité de notre pays. Une France qui ne sait plus vraiment qui elle est, qui ne connaît plus sa vocation propre au milieu des nations, qui ne s'aime pas et n'assume pas son histoire, qui ne sait plus transmettre une culture commune… Une France qui doute d'elle-même et de ses valeurs et qui tente d'enfouir tout rappel de son héritage spirituel au lieu de se fonder dessus… Cette France-là est bien fragile, face à des barbares qui ne connaissent pas le doute et font la guerre de façon implacable et sans pitié. Quelle réponse apporter à ces fanatiques ? Comment gagner cette guerre ? Est-ce simplement en reprenant la vie « comme avant » ? En continuant de « sortir, boire et baiser » pour reprendre les termes crus d'un chroniqueur bobo ? Ou alors en placardant dans les lycées des « chartes de la laïcité » ? Tout cela est dérisoire... Mais que peut bien proposer une société sécularisée, hédoniste et libertaire ? Elle se retrouve bien désarmée pour mener une guerre qui, cette fois-ci, ne concerne pas seulement les militaires. C'est en se réappropriant ce qui fait la force d'un pays, son âme, ses racines, sa culture, son histoire, ses valeurs, son héritage spirituel, tout ce qui fait son identité, que la France va pouvoir se rassembler. C'est ainsi qu'elle sera grande et solide, capable de se relever et de vaincre. C'est uniquement en retrouvant ce qu'elle est, qu'elle pourra continuer d'accueillir et d'intégrer. C'est en assumant ses racines gréco-latines et judéo-chrétiennes, qu'elle pourra répondre au défi que lui lance l'islam radical qui ne cesse de s'étendre ici même, sur notre sol.

On comprend mieux combien cette double révolution évoquée plus haut a pu fragiliser notre pays. Les laïcistes de tout poil qui veulent encore interdire nos crèches de Noël et nos processions ne font pas seulement du mal à l'Église. Ils font du mal à la France. En la coupant de ses racines, en la voulant encore plus sécularisée, ils la désarment et la fragilisent. Pour les chrétiens, il y a là un défi majeur. Ce que nous portons nous met aux avant-postes de cette œuvre de relèvement moral et spirituel, d'enracinement et de transmission. S'il nous fallait une raison supplémentaire de nous engager, les événements tragiques du 13 novembre 2015 nous l'ont donnée.

Dans une France sécularisée, face à la vague libertaire et à l'expansion de l'islam radical, spirituellement, mais aussi moralement et culturellement, les chrétiens se retrouvent bien souvent minoritaires, en tout cas à contre-courant. Deux tentations possibles en sont la conséquence. L'une est l'inverse de l'autre, mais elles produisent pourtant les mêmes fruits et opèrent une même séduction. Elles constituent un danger tout aussi grave.

DEUX TENTATIONS

Placée en situation de minorité, la communauté catholique va connaître deux tentations dans son rapport au monde, c'est-à-dire envers cette société multiculturelle et sécularisée dans laquelle elle se déploie et dont elle fait partie.

La tentation de la dilution

Il est épuisant de remonter sans cesse le courant. Il est usant de ne pas faire comme tout le monde. Voilà pourquoi les chrétiens peuvent être tentés de se diluer dans le monde, de se fondre dans la masse. Certains rêvent d'un christianisme qui ne serait plus en confrontation avec le monde, dont toutes les aspérités auraient été gommées et rabotées. Un discours chrétien qui ne gênerait personne, qui ne susciterait plus aucune polémique, qui serait rassembleur et accueilli facilement. Le rêve d'un christianisme *light*, « doux » et « acceptable » par le monde, qui ne mettrait plus les chrétiens en porte-à-faux, sommés de se justifier sans cesse.

Il est vrai que dans notre société sécularisée, être chrétien réclame parfois un certain héroïsme. L'héroïsme d'une fidélité au quotidien dans un monde qui ne la comprend plus. Et être un héros… c'est fatigant !

Le jeune qui essaye de se garder précieusement pour celle qu'il aimera un jour et mène courageusement le combat de la pureté, souvent de relèvement en relèvement. Le collégien qui refuse de tricher, l'étudiant qui rentre plus tôt du week-end entre amis pour ne pas manquer la messe du dimanche soir, le lycéen qui reprend en tremblant son professeur qui vient une fois de plus de dénigrer l'Église en plein cours… tous sont des héros. Mais aussi tous ceux qui refusent la triche au travail, la calomnie, le mensonge, l'injustice sous toutes ses formes. Ces couples qui essayent de vivre la régulation naturelle des naissances sous le regard goguenard de leurs propres amis et familles. Ces soignants qui refusent de tuer, quitte à perdre leur place. Ces élus courageux qui payent parfois très cher la défense des valeurs qui ont fait la France. Ces chrétiens de tout âge engagés auprès des plus démunis, qui rappellent à tous la primauté des plus faibles, même quand ceux-ci deviennent « gênants ». Ces parents qui décident de garder l'enfant qu'on leur annonce trisomique, ou ces jeunes qui choisissent de garder cet enfant qui arrive « trop tôt », en dépit d'une société qui les culpabilise ou qui les prend pour des fous. Ces époux qui vivent la fidélité dans le mariage alors que la vie commune n'a pas tenu. Ces jeunes couples qui partent donner un an ou deux au service des plus pauvres. Ces célibataires qui – plutôt que de se renfermer – se donnent au service des plus petits, de ceux qui souffrent, ou d'une autre cause. Ces engagements associatifs ou militants qui prennent du temps (parfois trop !) sans apporter beaucoup de reconnaissance. On pourrait multiplier les exemples car les occasions de se retrouver incompris, moqués, exclus ou attaqués en raison de notre fidélité à l'Évangile et de sa radicalité sont incalculables. Il y a beaucoup de héros cachés parmi nous et ces héros sont parfois fatigués, surtout d'être incompris.

Notre monde de consensus n'aime pas la radicalité, qu'il juge suspecte. Il ne faut pas être « trop » chrétien. C'est mal vu, dès le plus jeune âge ! Des parents eux-mêmes sont parfois inquiets devant l'engagement généreux et plein d'absolu de leurs enfants. La génération de Mai 1968 n'aime pas trop voir la génération d'après retrouver ce qu'elle a jeté ! On revendique alors un christianisme qui sait s'adapter. On en fait même une preuve d'intelligence : « catho MAIS moderne ! » Les médias exaltent la figure du prêtre ou de l'évêque « ouvert », du chrétien « libéral » ou « réformateur ». Au contraire, on souligne la peur qu'inspire le « catho tradi » – ce qui pour les journalistes veut souvent dire « catho pratiquant » – surtout quand il réussit, et on s'inquiète devant cette jeunesse qu'on sent attirée par ce courant « réac » qu'on pensait avoir découragé dans l'Église. Le matraquage médiatique bat son plein et ceux qui ne mettent pas les pieds à l'église ne sont pas les derniers à donner leur avis : « L'Église doit s'adapter ! L'Église doit changer ! » clament à la radio les chroniqueurs du matin.

À dire vrai, cette tentation de la dilution n'est pas complètement nouvelle. Comme toujours, tout est déjà dans l'Évangile. Alors que Jésus vient d'annoncer à ses apôtres qu'il allait devoir mourir sur une croix, Pierre l'interpelle et le reprend vivement. Il ne faut pas qu'Il dise cela… Jésus réagit tout aussi vivement : « Tes pensées ne sont pas celles de Dieu, mais celles des hommes[9] ! » Si Jésus réagit immédiatement et durement, c'est qu'il voit bien la tentation subtile qui vient d'apparaître dans l'esprit de Pierre : l'idée d'un christianisme sans la croix et sans contradiction, d'un succès humain et mondain…

Voilà la tentation de la dilution : pour éviter ces luttes incessantes, ces critiques et ce dénigrement permanent, pourquoi ne pas nous contenter d'enseigner un « christianisme *light* », débarrassé de ce qui n'est plus compris dans le monde d'aujourd'hui ? Un christianisme qui ne serait plus un signe de contradiction pour le monde, qui ne mettrait plus celui qui le professe en difficulté ?

---

9. Matthieu 16, 23.

Le simple fait qu'on entende autant de puissants le réclamer – des puissants pas vraiment connus pour leur affinité avec l'Église – devrait pourtant nous mettre la puce à l'oreille ! Un christianisme sans la croix, un christianisme qui serait du sucre et non du sel pour cette terre, ne serait rien d'autre que ce « christianisme mondain » que dénonce le pape François[10]. Caricature sucrée et d'autant plus terrible du message du Christ qui refusa, lui, de changer une seule de ses paroles quand les foules se mirent à le quitter, voire même quand la croix s'annonça comme le prix à payer.

J'ai eu la chance de me rendre au Kurdistan et de rencontrer des chrétiens d'Irak réfugiés à Erbil. Un christianisme dilué afin d'être mieux accepté serait la pire des lâchetés, à l'heure où – à quelques heures d'avion – nos frères chrétiens d'Orient risquent leur vie par fidélité à l'Évangile. Un christianisme « adapté » et « consensuel » ne sauvera personne. Il serait ainsi le pire manque de charité dont nous pourrions nous rendre coupables. Mais reconnaissons humblement que cette tentation « d'arrondir les angles » d'un message chrétien trop radical existe bien… y compris en nous-mêmes. D'autant plus que nous ne sommes pas indemnes des conséquences de cette double révolution – culturelle et spirituelle – dont nous avons déjà parlé. Nous sommes bien dans ce monde,

10. Par exemple, lors de son homélie du 26 mai 2015 à Sainte-Marthe.

marqués malgré tout par ses évolutions. La tentation est donc grande de s'y diluer complètement.

La tentation du repli sur soi

Quand il se sent en danger, le hérisson dresse ses piquants et se met en boule. Quand on souffre, qu'on se sent harcelé ou agressé par le monde extérieur, une réaction instinctive est de se crisper et de se replier sur soi.

Ce repli est l'autre grande tentation qui guette aujourd'hui les catholiques dans nos pays sécularisés. Au fond, si l'attitude développée est l'inverse de la dilution, la raison profonde en est la même : on s'épuise à lutter et à être à contre-courant du monde qui nous entoure. On est fatigué d'essayer de témoigner ou de devoir sans cesse se justifier. Pour ne plus être à contre-courant, on se retire. On va rechercher la compagnie exclusive d'autres catholiques qui pensent comme nous, qui ont la même sensibilité et avec lesquels il n'y aura pas besoin de batailler. On se retire sur les hauteurs, « au chaud », entre nous. Puis, on regarde le monde se perdre… sans nous.

C'est la tentation, ô combien compréhensible, du ghetto, de la communauté réconfortante mais qui s'enferme sur elle-même et tourne au communautarisme. C'est la tentation de toute minorité qui souffre et qui pense assurer sa survie en se repliant. C'est une illusion terrible : l'histoire nous apprend que tous les ghettos finissent par tomber. C'est surtout une désespérance mortifère, une mentalité de citadelle assiégée. On pose un regard désespéré sur ce monde, on s'en retire en considérant que rien de bon ne peut être tenté pour l'améliorer. C'est la tentation du « tout est foutu ! ». Je le dis un peu rudement, mais je le crois : cette mentalité est une mentalité de perdant. Et je ne sais pas pour vous mais moi, je n'aime pas être du côté des perdants ! Je comprends bien que cet « exil intérieur » a quelque chose de séduisant. Simplement, il n'est pas chrétien. Il est incompatible avec les paroles du Christ : « Je vous envoie comme des agneaux au milieu des loups[11]. » Jésus sait ce qu'il fait et il n'a jamais autorisé ses disciples à déserter !

Attention, cela ne veut pas dire qu'il serait illégitime de vouloir se retrouver régulièrement entre chrétiens, pour se fortifier mutuellement et s'encourager. J'ai parlé plus haut de ces oasis si précieuses dans notre désert spirituel. De même, il est tout à fait légitime pour des parents de vouloir – pour un temps – protéger leurs enfants en choisissant par exemple des écoles dont l'enseignement correspond à leurs convictions. Mais tout cela n'a de sens que si c'est pour mieux se préparer à la mission. On ne peut éduquer un enfant uniquement sur la défensive. Il ne s'agit pas de le protéger du monde – il y sera confronté un jour – mais de le préparer à y tenir sa place et assurer sa mission. La

---

11. Luc 10,3.

communauté est essentielle, car un chrétien seul est un chrétien en danger. Les groupes d'amis dans lesquels on partage les mêmes convictions sont infiniment précieux : on s'y encourage mutuellement, on y panse ses blessures, on se réconforte… mais pour mieux repartir ! Une communauté de convictions est une rampe de lancement, pas une impasse ni un réduit.

Le « réflexe identitaire » dénoncé par certains clercs ou sociologues, inquiets de sentir les jeunes générations catholiques fières de leur héritage ou demandant à retrouver leurs traditions, pourrait participer de cette tentation si cette recherche d'identité s'accompagnait d'une fermeture à l'autre. Je pense au contraire que le dialogue avec l'autre, celui qui ne pense pas comme moi ou qui a une autre religion que la mienne, n'est possible que si je sais qui je suis, d'où je viens et ce en quoi je crois. Connaître et assumer ses racines rend stable et solide, y compris par grand vent. La difficulté pour notre pays de simplement débattre de son identité, et encore plus de l'affirmer tranquillement et paisiblement, le rend justement craintif, frileux et pessimiste face à la nouveauté, à l'étranger comme à l'avenir. Ce n'est pas le réflexe identitaire qui pose problème : il n'est que l'expression d'une soif de cette jeunesse trop longtemps privée de son histoire, qui réclame aujourd'hui les repères que ses « maîtres » ont jetés. La vraie question est de savoir ce qu'on fait de ces convictions et repères retrouvés : soit on s'y accroche de façon psychorigide et crispée, soit on s'appuie dessus pour mieux s'engager dans le monde.

Un même résultat : une perte d'influence

Ces deux tentations inverses aboutissent pourtant à un même résultat : dans les deux cas, on renonce à influer sur ce monde. On sort du jeu, on ne compte plus, soit parce qu'on n'y apporte plus rien de spécifique ou de neuf, soit parce qu'on a quitté la partie. Voilà en quoi ces tentations sont dangereuses : elles amènent tout simplement à une forme de désertion. Un renoncement qui, pour le chrétien, est une trahison de l'Évangile.

Ce n'est pas parce que la bataille est rude que l'on peut déserter. Ce n'est pas parce que la partie semble parfois perdue qu'on doit rester sur le banc de touche. La désespérance et la résignation ne sont pas des valeurs chrétiennes. Je ne peux ni ne veux croire que ce monde ne vaut plus la peine d'être servi, puisque Jésus a donné sa vie pour lui, non pour le condamner mais pour le sauver[12]. Je ne peux imaginer un seul instant que le commandement de Jésus ne puisse concerner notre époque. Il a parlé pour les chrétiens de tous les temps. Il n'est pas venu pour rien.

Ce serait notre faute la plus grave. L'enfouissement pour une part des générations précédentes a été la

12. Jean 3, 17.

conséquence du «complexe de la majorité». Un piège dans lequel certains chrétiens d'hier sont tombés: nous sommes les plus nombreux, nous n'avons pas besoin de témoigner; au contraire, faisons-nous oublier, excusons-nous d'être nombreux et puissants... Pour autant, il ne faudrait pas que les générations à venir doutent de leur capacité à changer le monde, ou tout au moins à y faire progresser l'idée de bien commun, à proclamer tout ce qui est vrai, grand, juste et beau, sous prétexte que les catholiques convaincus sont désormais minoritaires.

Comment comprendre que certains jeunes catholiques n'aient pas cette ambition de changer le monde? Peut-être parce que leurs parents leur ont seulement transmis l'urgence de conserver des biens acquis, un patrimoine et un niveau de vie? Quelle tristesse! Si à vingt ans, on a comme seule ambition de conserver le niveau de vie de ses parents, c'est pathétique. Je sais bien que ce n'est pas le cas de tous. Et je me réjouis de voir tant de jeunes catholiques avoir compris que l'histoire se fait avec les plus convaincus! Benoît XVI disait: «Ce sont les minorités créatives qui déterminent l'avenir. En ce sens, l'Église catholique doit être vue comme une minorité créative[13].» Minorité? C'est fait, nous y sommes! Il ne nous reste plus qu'à être créatifs... Mais sommes-nous convaincus de cette affirmation du pape émérite? Avons-nous vraiment

13. Entretien avec la presse, 26 septembre 2009, à son retour de République tchèque.

l'ambition d'améliorer ce monde, de permettre que le Seigneur y soit connu, aimé et adoré ? Ou bien laissons-nous cet idéal de changer le monde aux altermondialistes et autres militants de tous bords ? Croyons-nous nous également que nous pouvons « réformer une civilisation » ? Madame Taubira le croyait, elle. Sommes-nous moins convaincus de la force de l'Évangile qu'elle de son idéologie ?

Une question de foi

Il y a derrière tout cela une vraie question de foi. La situation nouvelle nous appelle à reposer un acte de foi qui va ensuite pouvoir éclairer tous nos choix de vie. Est-ce que Jésus-Christ est l'unique Sauveur ? Est-il venu pour sauver tous les hommes, veut-Il que tous le connaissent ? L'Évangile est-il la révélation de Dieu, sa Parole vivante capable de toucher les cœurs et les intelligences ? La foi chrétienne n'est-elle qu'un vernis social parmi tant d'autres ou bien le chemin du bonheur éternel offert à tous ? L'homme est-il fait pour connaître Dieu ? Son intelligence est-elle faite pour le vrai ? Est-ce que je crois que Jésus est LE Chemin, LA Vérité, et LA Vie… ou juste une option parmi d'autres équivalentes ?

Ces questions semblent simples ; elles sont pourtant redoutables. Car, face à la situation et aux engagements qu'elles nous appellent à prendre, nous sommes acculés à y répondre de façon personnelle et courageuse. Si je ne crois pas que la foi reçue à mon baptême est vitale, c'est-à-dire une question de vie ou de mort éternelle, je pourrais alors cesser de m'inquiéter qu'elle fonde comme neige au soleil dans mon pays, chez mes amis ou mes collègues de travail. Si je ne crois pas que Dieu veut agir à travers moi, parce qu'Il demeure en moi depuis mon baptême, et qu'en ce sens j'ai une mission unique et précieuse dans ce monde et dans le plan de Dieu, je peux alors déserter cette époque et ce monde sans scrupule. Si je ne crois pas que l'Évangile et l'enseignement de l'Église peuvent bouleverser des vies, toucher les cœurs, éblouir les intelligences et « apporter un feu sur la terre » comme le dit Jésus, alors je peux renoncer à prendre des risques pour transmettre ces paroles de feu.

Je pense qu'à la racine de la perte de l'esprit missionnaire chez beaucoup de chrétiens, tellement soucieux de ne pas être accusés de prosélytisme, mais aussi de l'effondrement des vocations consacrées, il y a tout simplement l'effacement de la question du Salut. Avons-nous besoin d'être sauvés ? Ce monde a-t-il besoin d'être sauvé ? Cette vérité-là a trop longtemps disparu de nos prédications. « *On ira tous au paradis* », dit la chanson… Thèse sympathique, qui a le mérite d'éviter les questions qui fâchent et les tourments de la conscience ! Mais si le monde n'a pas besoin d'être sauvé, alors pourquoi Jésus est-Il venu ? Pourquoi a-t-Il vécu sa Passion ? Si le Salut est automatique, alors pourquoi donner aujourd'hui sa vie comme prêtre ? Pourquoi vouloir progresser, se relever, se confesser ? Pourquoi proposer la foi catholique à tous ? Finalement, pourquoi vouloir améliorer ce monde ? Ce n'est pourtant pas ce que dit Jésus dans l'Évangile : l'histoire de l'humanité, notre histoire à chacun, dépend en effet de la réponse que nous donnons au projet de Dieu. Nous ne pouvons rien sans Lui, mais Lui ne veut rien sans nous. Car Il nous aime d'un amour véritable, ce qui implique qu'Il respecte notre liberté et la prend au sérieux. Voilà pourquoi l'homme est responsable de ce que devient ce monde. De notre engagement peut ainsi dépendre en partie que ce Salut, gagné par Jésus en donnant sa vie, puisse profiter au plus grand nombre. Nos engagements ont d'une certaine façon un poids d'éternité… C'est dire combien Dieu nous fait confiance.

Pourquoi nous, catholiques, avons tant de mal à croire *vraiment* que le trésor que nous portons nous dépasse infiniment et peut changer ce monde ? Bien sûr que nous sommes faibles, pas meilleurs que les autres, etc. le monde nous le rappelle bien ! Mais ce n'est pas nous, par nous-mêmes, qui allons transformer ce monde. C'est le message que nous portons, que nous essayons de vivre et d'incarner. Ces paroles sont des paroles de vie, qui ont reçu la promesse de la Vie éternelle. Nous n'en avons trop souvent fait qu'une opinion parmi d'autres. Nous ne sommes pas propriétaires de la Vérité, nous ne la possédons pas, c'est elle qui nous possède. Nous l'avons reçue en dépôt, dans l'Évangile et dans l'enseignement de l'Église. Cette Vérité est la lumière qu'attendent et que cherchent tant de nos contemporains ! En sommes-nous convaincus ?

Si nous croyons simplement défendre une opinion parmi d'autres, alors nous avons déjà perdu. Sur le papier, il n'y a aucun espoir. Mais l'Évangile, la foi, ce n'est pas une opinion parmi d'autres, qui n'aurait pas plus de force que d'autres. C'est la Vérité de Dieu, c'est un feu qui peut tout embraser si je ne le mets pas sous le boisseau. Pourquoi les chrétiens doutent-ils ainsi de leur capacité à « mettre le feu au monde » ? « Si vous êtes ce que vous devez être, alors vous mettrez le feu au monde » disait saint Jean-Paul II, paraphrasant sainte Catherine de Sienne, aux jeunes réunis à Rome pour les JMJ de l'an 2000. Le croyons-nous ? Mais pour ne pas douter de notre capacité à changer le monde, il faut commencer par ne pas douter de ce que nous sommes. Au-delà de nos fragilités, de nos péchés, de nos faiblesses, nous sommes enfants de Dieu. Il suffit d'un enfant de Dieu qui vit en enfant de Dieu pour que quelque chose change dans une classe, un bureau, un hôpital, une caserne, une mairie. Il a suffi de douze apôtres – et Dieu sait qu'ils n'étaient pas parfaits ! – pour que le monde change comme jamais. Ils ont été ce qu'ils devaient être. Ils ont mis le feu au monde. Même devenus minoritaires, nous sommes quand même plus que douze… Alors pourquoi doutons-nous ?

Nous devons, je dois me convertir. Renouveler notre foi en Celui que nous annonçons. Choisir de croire vraiment en Lui. Un peu moins nous regarder, un peu plus Le regarder. Voilà ce qui nous rendra à la fois humbles (nous partageons avec ce monde les blessures et les fragilités de notre temps, nous annonçons un Autre que nous-mêmes) et plein d'espérance : nous portons un message qui nous dépasse. Voilà en tout cas pourquoi nous ne pouvons pas succomber à ces deux tentations mortifères – dilution ou repli sur soi – qui participent toutes les deux d'une terrible réalité : la désertion.

Une troisième voie, véritable ligne de crête

Bien évidemment, ce n'est pas moi qui l'invente. Comme toujours, il faut nous tourner vers le Christ et nous mettre à son écoute. La Parole de Dieu peut vraiment éclairer nos vies et les défis que nous avons à affronter.

Cette parole est contenue dans l'Évangile selon saint Jean. Jésus a rassemblé ses apôtres pour son dernier repas, au cours duquel il va instituer l'eucharistie et le sacerdoce. Après la Cène, dont les apôtres comprendront plus tard la valeur immense, Jésus reste quelques instants auprès de ses amis et leur livre ses dernières paroles, comme une sorte de testament. L'atmosphère est lourde et intense. Le drame va bientôt se jouer. Les apôtres écoutent Jésus leur livrer les derniers secrets de son cœur, ses dernières recommandations. Penché sur la poitrine du maître, saint Jean a tout retenu et nous retranscrit avec précision ce « testament » de Jésus dans les chapitres 14 à 17 de son Évangile. Ce sont sans doute les pages les plus émouvantes qu'on puisse méditer. Au milieu de ce discours, Jésus s'arrête un instant et se met à prier. Il ne s'adresse plus à ses apôtres mais à son Père. Et voici ce qu'Il demande, pour eux mais aussi pour nous, citant explicitement ceux qui croiront en Lui grâce au témoignage des apôtres :

> « C'est pour eux que je prie ; je ne prie pas pour le monde, mais pour ceux que tu m'as donnés [...] Je ne suis plus dans le monde ; eux sont dans le monde, et moi, je viens vers toi. Père saint, garde-les dans ton nom que tu m'as donné, pour qu'ils soient un comme nous. [...] Mais maintenant je viens vers toi et je parle ainsi dans le monde, afin qu'ils aient en eux-mêmes ma joie complète.
>
> Je leur ai donné ta parole et le monde les a haïs, parce qu'ils ne sont pas du monde, comme moi je ne suis pas du monde. Je ne te prie pas de les enlever du monde, mais de les garder du Mauvais. Ils ne sont pas du monde, comme moi je ne suis pas du monde. Sanctifie-les dans la vérité : ta parole est vérité. Comme tu m'as envoyé dans le monde, moi aussi, je les ai envoyés dans le monde

> [...] Je ne prie pas pour eux seulement, mais aussi pour ceux qui, grâce à leur parole, croiront en moi, afin que tous soient un[14]. »

Tout est là.

Voilà en quelques mots de quoi fixer un cap, éclairer tous nos engagements et éviter efficacement les deux tentations évoquées il y a quelques instants. Voilà la seule et vraie feuille de route du chrétien dans le monde. La ligne de crête qu'il nous faut prendre, les deux propositions « non pas du monde, mais dans le monde » qu'il faut tenir ensemble, toujours en tension. Nous pourrons certes basculer sans cesse d'un côté ou de l'autre, en abandonnant une partie de la phrase. Mais il nous faut tenir sur cette ligne de crête, le seul chemin réellement fidèle à l'Évangile.

Il nous faut bien sûr développer ces quelques mots et montrer combien ils offrent de très solides fondations aux engagements que nous pouvons prendre. Qu'est-ce que cela implique que nous ne soyons pas « du monde » ? Que retirer du principe qu'en même temps il faut que nous soyons « dans le monde » parce que nous y sommes « envoyés » ?

---

14. Jean 17, 9-21.

« ILS NE SONT PAS DU MONDE »

Cette première affirmation de Jésus a des conséquences importantes sur notre façon de comprendre nos engagements. Elle affecte également le témoignage que nous avons à rendre dans ce monde, par notre vie et nos paroles.

L'horizon du chrétien : la vie éternelle

« Ils ne sont pas du monde… » Cela veut d'abord dire que nous n'appartenons pas à ce monde : il n'est ni notre origine, ni notre finalité ultime. Nous venons de Dieu, nous allons à Lui. Pour un chrétien, l'horizon d'une vie ne s'arrête pas à cette terre. Notre vocation, c'est la vie éternelle. Nous ne sommes ici que des pèlerins de passage.

Ces quelques vérités de foi sont fondamentales car elles donnent le sens véritable de notre vie et son orientation. Le problème, c'est qu'elles imprègnent trop peu notre vie quotidienne. Je suis toujours étonné de voir des chrétiens vivre comme des non-chrétiens, c'est-à-dire sans souci de la vie éternelle, comme si tout devait s'arrêter avec la mort. On ne va évidemment pas parcourir ce chemin de la même façon si l'on pense qu'il s'arrête un jour brusquement en débouchant sur le néant, ou bien si l'on a compris et intégré qu'il nous prépare à une deuxième étape de la vraie Vie; deuxième étape qui dépend d'ailleurs de la façon dont nous aurons vécu la première sur terre!

Cette vocation à l'éternité est fondamentale à intégrer, car elle va constituer le premier critère, et sans doute le plus important, pour juger et discerner nos engagements de cette vie terrestre. Contrairement à ce qu'ont pu nous reprocher Marx et ses adeptes, la perspective de la vie éternelle ne nous dispense nullement de nous battre contre les injustices ici-bas, ni de nous engager au service du bien commun. Au contraire, cette vie éternelle est pour nous déjà commencée[15]. Nous vivons la première étape qui prépare la seconde. Et cette première étape est réussie si nous la vivons en nous donnant, à l'exemple de Jésus. «Au soir de notre vie, nous serons jugés sur l'amour», écrivait saint Jean de la Croix. Impossible pour nous de rester tranquillement assis sans rien faire si nous voulons voir Dieu. Impossible d'attendre que cette vie passe, en restant les mains dans les poches ou sur le banc de

15. Comment ne pas citer ici le jeune Tanguy, 13 ans, qui disait à son papa peu avant de mourir des suites d'un cancer quelques jours avant Noël: «Il n'y a pas deux vies, une vie sur terre et une vie au Ciel. Il n'y a qu'une vie. La mort n'est qu'une marche.»

touche – « sur le balcon », dirait le pape François ! Il nous faut aimer, et donc nous donner. Nos engagements sont simplement à prendre et à poursuivre dans la perspective de cette vie éternelle.

Cela veut dire qu'un engagement qui mettrait peu à peu mon salut en péril est impossible. Car, pour le poursuivre, je serais amené à me séparer de Dieu. Voilà le critère d'évaluation qu'il me faut régulièrement reprendre pour vérifier la justesse de ce que je fais. On peut se perdre dans des engagements viciés. Jésus avertit chacun, et particulièrement ceux qui ont de l'ambition (ce qui n'est pas un mal, j'y reviendrai) : « Que sert à l'homme de gagner l'univers, s'il en vient à perdre son âme ?[16] »

Il nous faut reconnaître qu'aucun de nos engagements professionnels, associatifs, politiques ou autres n'est un absolu, comme l'est en revanche notre vocation. Même si nous y tenons beaucoup, même si nous sommes persuadés d'être nécessaires, même si certains fruits sont visibles. Rien ne peut justifier qu'on s'écarte de Dieu et qu'on mette en danger sa vie éternelle, ou celle des autres. Il faut sans cesse ordonner notre vie, surtout si celle-ci est bien chargée. « Dieu premier servi », rappelait sainte Jeanne d'Arc, pourtant chef de guerre, passant sa vie sur les champs de bataille avec des soldats. Dieu n'était pas absent de son engagement, Il en restait même à la

16. Matthieu 16, 26.

source. Elle y revenait sans cesse. Cela ne veut bien sûr pas dire que le cadre d'un grand groupe ou qu'un député doive vivre comme un moine. Personne ne peut avoir une vie de moine... à part le moine, dont c'est la vocation ! Cela veut dire plutôt qu'il nous faut rester chrétien dans ce que nous faisons, c'est-à-dire ami du Christ, attaché à Jésus-Christ. Cela commence par une vie spirituelle solide, pour être éclairé dans les choix à faire.

Du coup, certains engagements sont impossibles pour un chrétien et il y a des lieux où il devient difficile de servir. J'admire par exemple le courage de certains personnels de santé, infirmier(e)s, étudiant(e)s en médecine ou médecins, qui nourrissent un vrai désir de servir leurs patients, mais qui ont dû apprendre à dire « non » quand il leur a été demandé de participer à un avortement. Même si l'objection de conscience est reconnue dans les textes légaux, on sait la pression qui s'exerce sur eux. Ils ont parfois dû renoncer à une spécialité – dans laquelle ils auraient pu faire beaucoup de bien – ou à une promotion, parce que cela aurait impliqué qu'ils commettent l'irréparable. D'autres dans le milieu des affaires ont payé cher leur refus de participer à un système de corruption ou à de basses œuvres de manipulation, basées sur le mensonge.

La fin ne justifie pas les moyens : cela reste vrai pour tous, *a fortiori* les chrétiens ! Il y a des moyens que nous ne pouvons utiliser, sous peine de nous rendre coupables d'un mal intrinsèque. Un mal qui ne pourra jamais être justifié, quelle que soit la finalité poursuivie ou les meilleures intentions qui nous animent. Dans nos engagements, il est toujours précieux de nous reposer la question des moyens que nous utilisons, tant l'aveuglement ou l'auto-justification est facile. C'est ce qu'on appelle « la tentation sous apparence de bien » : on se laisse séduire par l'idée que notre combat est juste, afin d'accepter des méthodes ou des moyens qui ne le sont pas. Cette tentation est puissante, surtout face à des « adversaires » qui n'ont pas les mêmes scrupules. Mensonge, manipulation, trahison, compromission, double jeu ou double vie… En son temps, saint Paul avertissait déjà les chrétiens de Rome que tout n'était pas possible pour les enfants de Dieu :

> « La nuit est bientôt finie, le jour est tout proche. Rejetons les œuvres des ténèbres, revêtons-nous des armes de la lumière. Conduisons-nous honnêtement, comme on le fait en plein jour[17]. »

Jean Ousset le disait à sa manière : « On ne saurait s'y prendre pour construire comme on s'y prend pour démolir. » Cela ne veut pas dire qu'il n'y a pas une certaine habileté à avoir ! Les chrétiens ne sont pas des naïfs, ni « des bonnes poires »… et Jésus lui-même en donne la consigne aux apôtres : « Soyez donc prudents comme les

17. Romains 13, 12-13.

serpents et candides comme les colombes[18]. » Mais nous resterons des enfants de lumière, car nos méthodes sont aussi un témoignage.

« *Non possumus* » : nous ne pouvons pas! C'est le douloureux cri des premiers chrétiens, jusque-là citoyens et serviteurs exemplaires de l'empire, quand on leur a demandé d'offrir des sacrifices à l'empereur comme à une divinité. Ils auraient pu négocier, ou imaginer qu'en se compromettant sur ce point, ils pourraient continuer à faire le bien sur d'autres sujets. Mais non. Il y a pour des chrétiens « *des principes non négociables* », selon l'expression du cardinal Ratzinger, pour lesquels on est prêt à perdre son boulot, des honneurs ou sa vie, plutôt que de perdre son âme. Le « *non possumus* » de ces chrétiens a sonné le début de leur persécution. Leur martyre a eu plus de fécondité que s'ils s'étaient soumis : aujourd'hui encore, leur exemple nous encourage.

Attention : entre des *compromis,* nécessaires, et la *compromission,* impossible, il y a une différence. Nous avons à travailler aux côtés de concitoyens qui ne sont pas éclairés par les mêmes convictions. Cela implique des compromis indispensables pour travailler ensemble, comme le fait d'admettre que nous ne parvenons au bien que de façon progressive, et pas sur tous les sujets en même temps. Aucune entreprise, aucune association,

18. Matthieu 10, 16.

aucun parti n'est idéal. On s'y engage tout de même, en acceptant ce compromis et en essayant, pour ce qui dépend de nous, de permettre un certain progrès. Mais la compromission consiste à accepter de réaliser soi-même un mal objectif, dont on est alors directement responsable. Les premiers chrétiens nous donnent l'exemple : saint Pierre, le premier pape, leur demande d'être des citoyens obéissants et soumis à l'autorité[19] – celle d'un empereur pourtant païen, sanglant et belliqueux – mais quand il s'agira d'adorer l'empereur comme un dieu, ou de taire leur témoignage, alors les chrétiens se souviendront de l'affirmation du même saint Pierre devant les grands prêtres de Jérusalem : « Il faut obéir à Dieu plutôt qu'aux hommes[20]. »

Il nous faudra du coup souvent discerner, et cela ne se fait pas seul. Seul, on se décourage ou l'on s'autojustifie très facilement ! Redécouvrir les grâces de l'accompagnement spirituel (le père spirituel) me semble très important pour des chrétiens bien souvent isolés dans leurs lieux d'engagement. De même, trouver ou créer des groupes ou des réseaux pour échanger et se soutenir entre chrétiens investis dans les mêmes domaines d'action, me semble nécessaire. Dans nos engagements, ne restons pas seuls ! L'Église est là pour accompagner et encourager.

19. Cf. Romains 2, 13.
20. Actes des Apôtres 5, 29.

Voilà, en tout cas, le critère de réussite de notre vie. Une vie réussie, ce n'est pas une vie qui dure longtemps : cela, nous ne le maîtrisons pas. Ce n'est pas une vie qui a forcément brillé aux yeux des hommes : si tous ont vocation à s'engager, tous n'ont pas vocation à s'exposer ou à être exposés de la même façon. Une vie réussie, c'est une vie donnée, vécue non pour soi mais pour faire grandir les autres, une vie mise au service de plus grand que soi – d'un Autre et des autres –, une vie qui débouche naturellement, comme un accomplissement, sur l'Éternité bienheureuse.

Que les parents ne cessent de rappeler cela à leurs enfants, plutôt que de paraître comme des éternels angoissés du bulletin scolaire ! Chers parents, quand parlerez-vous du réel objectif des études à vos enfants ? Comment voulez-vous qu'ils trouvent le courage de travailler si vous ne les élevez pas dans l'idée de ces engagements qui les attendent, qu'il leur faudra prendre, pour lesquels ils doivent effectivement se préparer et acquérir une réelle compétence ? Quand leur parlerez-vous de leur mission dans ce monde et du courage qu'il leur faut cultiver ? L'adolescent a besoin de grands désirs, d'un grand idéal qui lui donne de l'élan et l'aide à dépasser ses faiblesses et sa paresse. Témoigner, servir, donner sa vie : cela seul est capable d'enthousiasmer l'âme d'un jeune de 15 ans ! Bien plus que des équations compliquées ou les mécanismes de reproduction chez les baleines ! Cela ne veut pas dire qu'on doit négliger les maths ou la biologie... mais il faut donner à vos enfants une perspective, un cap. Il faut leur parler du sommet, pour donner le courage de parcourir le chemin. On ne parle pas assez des sommets. Que les chrétiens ne se trompent pas de réussite. Loin de nous désengager, cela donnera au contraire la seule perspective qui vaille à nos engagements, notre ambition et notre vie.

La source de notre liberté intérieure : Dieu, notre seul juge

« Ils ne sont pas du monde. » Cela veut dire aussi que ce n'est pas le monde qui nous jugera, ou plutôt que ce n'est pas ce jugement-là qui nous importe. Le seul à connaître le prix de nos engagements, leur valeur, leur fécondité, c'est Dieu. Il est essentiel de garder cela à l'esprit afin de cultiver une vraie liberté intérieure. Ce qui me rendra libre, c'est de chercher à plaire à Dieu plutôt qu'aux hommes. Bien sûr, nous avons tous un besoin légitime de reconnaissance, y compris dans nos engagements. Nous avons besoin que le bien effectué, le temps passé et les sacrifices consentis soient reconnus. Rien de plus blessant que cette ingratitude des supérieurs, des proches, des frères dans la foi et même du monde que nous essayons pourtant de servir. Mais si nous attendons que notre besoin de reconnaissance soit comblé par les hommes, nous serons toujours déçus et jamais satisfaits. C'est ainsi. Même dans l'Église, beaucoup de saints n'ont pas été reconnus de leur vivant. Ils ont plutôt eu à subir cabales, jalousies et parfois condamnations injustes. Ils travaillaient simplement « pour la plus grande gloire de Dieu », selon la devise des jésuites.

Pourquoi sers-tu ? Et pour quoi sers-tu ? Pour qui fais-tu cela ? Voilà les trois questions à se poser au moment de s'engager. Si tu attends la gloire qui vient des hommes, ta récompense se limitera dans le meilleur des cas à celle-ci mais… elle passe vite et tu n'en auras jamais assez. Ce ne seront ensuite qu'amertume, dépit et rancœur. Et si nous ne sommes pas réellement libres vis-à-vis des honneurs du monde, ou si nous ne le devenons pas peu à peu (c'est souvent le travail de toute une vie !), nous serons d'autant plus fragiles et capables de renier le Christ pour obtenir une place, une médaille ou un titre.

Quelle tristesse de voir des chrétiens dont les convictions se sont diluées pour ne plus être un obstacle à leur réussite mondaine ! Certains politiques se laissent ainsi convaincre par leurs « communicants » : il leur faut transgresser les convictions de leur jeunesse et leur éducation ! Il faut montrer qu'ils sont « modernes », « libres », « ouverts » même s'ils sont issus d'un milieu conservateur. Tout cela pour emporter l'adhésion des puissants, et obtenir que *Libé* dise du bien d'eux… Au soir de leur vie, ces médailles ou ces titres acquis au prix des trente deniers de Judas ne pèseront pourtant pas bien lourd devant Dieu. Et je pense en plus que les électeurs respecteront bien plus aujourd'hui la cohérence d'un élu dans sa façon d'assumer ses convictions, que son habileté à retourner sa veste !

Attention : il n'est pas non plus interdit, quand on est chrétien, de connaître la réussite et de prendre des responsabilités. Bref, d'arriver au sommet ! Cessons de soupçonner tous ceux de nos frères qui y parviennent d'être forcément francs-maçons ! Ils sont simplement excellents dans leur domaine, et on peut se réjouir de les voir agir en chrétiens là où ils sont. Nul doute que leur rayonnement fera grandir ceux qui leur sont confiés, que leur façon d'exercer leurs responsabilités sera une leçon pour tous. En tout cas, il faut prier pour eux, pour que ce soit le cas, pour que leur réussite serve le bien commun. Je suis d'autant plus impressionné quand ces chrétiens gardent une grande liberté intérieure. Cela se sent très vite. Ils assument leur rang et les honneurs rendus à leur fonction. Mais demain, ils seront capables de tout perdre s'il le faut afin de ne pas mentir, ni trahir le sens de leur engagement. Ils ont gardé la capacité de dire « non ». Ils sont restés libres. C'est leur force et leur honneur.

Si Dieu est mon seul juge, cela veut aussi dire qu'il est le seul à juger de la réussite de ma vie. Le jugement des hommes, fondé sur l'apparence, peut facilement se tromper. Le jour du Vendredi saint est aux yeux des hommes un jour de défaite. Un échec retentissant. Aux yeux de Dieu, c'est le jour de la victoire. Ce jour-là, l'amour a vaincu le mal sur la croix. Le démon ne s'y trompe pas, lui. Il se sait vaincu depuis. Il ne supporte pas la croix qui lui rappelle sa défaite. Dans notre vie, il en sera de même. Nos engagements peuvent connaître des succès et des échecs. Il nous faut prendre de la distance vis-à-vis de ces événements. Cela ne veut pas dire que nous sommes insensibles aux échecs et aux succès. Bien sûr que non ! Mais nous essayons de ne pas en être prisonniers. Sinon le moindre échec va nous décourager, en nous faisant penser que l'ensemble de notre vie est raté !

Saint Paul l'écrivait : « Quand les hommes aiment Dieu, lui-même fait tout contribuer à leur bien[21]. » Nos échecs eux-mêmes peuvent annoncer d'autres victoires, car Dieu peut permettre qu'ils aient une certaine fécondité. Beaucoup d'entrepreneurs ont d'abord connu un ou des échecs avant de trouver l'idée géniale qui fera le succès de leur entreprise. Dans l'engagement politique, les défaites ou les arbitrages perdus sont toujours douloureux mais forgent l'envie de gagner, de convaincre la prochaine fois. Ils sont toujours riches d'enseignement… tout en travaillant un peu notre humilité ! Le vote du mariage et de l'adoption pour les couples de même sexe est ainsi à vue humaine immédiate un échec politique pour ceux qui

21. Romains 8, 28.

ont manifesté. La loi a été votée, malgré toute la mobilisation inouïe qu'on a connue. Mais déjà des observateurs le reconnaissent : ce mouvement aura une fécondité, car il a été l'occasion d'une prise de conscience politique pour toute une population jusque-là peu engagée.

L'assurance d'une fécondité

« À quoi ça sert ? » C'est une question assez classique chez ceux qui hésitent à s'engager en contemplant l'état du pays et l'ampleur de la tâche qui les attend. « Le démon de mon cœur s'appelle "à quoi bon ?"[22]... » écrivait Bernanos. Est-ce vraiment utile ? Peut-on vraiment faire bouger les choses ? Tout semble si verrouillé, si difficile, déjà si abîmé... À quoi bon ?

Le Christ vient répondre à cette question. Si nous ne sommes pas du monde, cela veut dire que la fécondité de nos engagements ne nous appartient pas. Elle nous sera donnée et ne dépend pas principalement de nos propres forces. À nous simplement de coopérer.

Le passage de l'Évangile qui peut nous éclairer est celui de la multiplication des pains[23]. Devant cette foule immense qu'il faut nourrir, la tâche semble impossible aux apôtres. À quoi bon essayer ? Ils n'y arriveront jamais. Leurs ressources sont minimes : cinq pains, deux poissons.

---

22. *Les grands cimetières sur la lune.*
23. Luc 9, 12-17.

Bien sûr, Jésus va prendre les choses en main. Mais il ne dispense pas les apôtres d'apporter ce qu'ils peuvent. Il aurait très bien pu faire le miracle à partir de rien, *ex nihilo*. Il le fait à partir de ce que les apôtres lui apportent. Il les fait participer, même bien modestement. Nous nous arrêtons trop souvent devant l'ampleur de la mission à accomplir. Pourtant Jésus nous confirme dans cette mission en disant aux apôtres : « Donnez-leur vous-même à manger ! » Il n'est pas aveugle, il sait bien que cela nous dépasse. Plutôt que d'en déduire que c'est impossible et se décourager avant même d'avoir commencé, comprenons que Dieu est à l'œuvre et que c'est lui qui donnera à nos efforts la fécondité voulue, bien au-delà de ce que nous oserions imaginer.

Notre histoire prend place dans une histoire plus vaste : celle du plan de Dieu. Dans ce plan, nous avons chacun un rôle et une mission. Chaque vie est précieuse. Si j'accepte de m'engager pour répondre à un appel du Seigneur que j'ai discerné, pour mettre en œuvre les talents et les grands désirs qu'il a mis dans mon cœur, pour sa gloire et le bien de mes frères, alors pourquoi avoir peur ? Ce que j'entreprends portera du fruit : « Ce qui fait la gloire de mon Père, c'est que vous portiez beaucoup de fruit[24] » dit Jésus à ses apôtres le soir du Jeudi saint. La

24. Jean 15, 8.

joie de Jésus est de faire participer les pauvres que nous sommes à son œuvre à Lui.

Ces fruits, je ne les verrai peut-être pas de mon vivant ou pas complètement. Qu'importe. Il me suffit de savoir que ce que je fais n'est pas stérile. En ce sens, aucune vie n'est banale ou inutile ! Le malade qui, sur son lit d'hôpital, décide de vivre son épreuve en l'offrant pour la conversion de son pays et de ses dirigeants, participe à sauver le monde aux côtés du Seigneur. Le simple employé qui essaye de vivre en chrétien son métier du mieux qu'il peut, s'appliquant à la tâche, vivant la charité avec ses collègues, offrant le témoignage de sa foi simple et belle quand l'occasion lui est donnée, participe à sauver le monde. Le chrétien qui nourrit le désir de vivre sa profession, son engagement conjugal ou vocationnel, sa vie de famille, son engagement associatif, syndical, politique, culturel, social ou autre, de façon pleine et entière, en serviteur, c'est-à-dire dans le but de faire grandir ceux qui lui sont confiés, dans le but de servir le bien commun, dans le but d'améliorer ce petit coin de terre, ce petit bout de société qui lui est confié – aussi petit soit-il – ce chrétien participe au plan de Dieu.

En ce sens, nous serons émerveillés de voir au Ciel les fruits qu'auront portés les engagements les plus modestes, mais vécus dans la fidélité. La prière d'un enfant, le soutien scolaire d'une grand-mère pour un jeune laissé à lui-même, le dévouement d'un conseiller municipal, d'un éducateur ou d'un bénévole de la Croix-Rouge, le travail d'un artisan pour former des apprentis et redonner le goût de l'excellence aux plus jeunes, l'influence d'un chef scout ou du responsable d'une association étudiante sur ses camarades, l'engagement militant d'un ancien qui aura donné envie à des plus jeunes de s'engager, et les aura formés à la pensée sociale de l'Église (trésor encore trop méconnu !), l'écoute du professeur ou du médecin qui redonne envie de se battre pour s'en sortir, ou de l'infirmière qui prend le temps de consoler, ose promettre aux patients de prier et leur parle de l'aumônier… Tout ce qui est vécu en Dieu, offert à Dieu, porte du fruit. Rien n'est stérile, aucun de nos engagements, aucune de nos épreuves, aucune de nos réussites n'est stérile si nous vivons tout cela avec le Seigneur et pour Lui.

Qu'on me permette ici une confidence personnelle. Dans ma famille, nous sommes quatre enfants. De par ma vocation, les conférences ou le livre déjà publié *Aimer en vérité*, les projets que j'ai pu monter avec des frères prêtres ou des amis laïcs – Acteurs d'Avenir, le Cercle Aletheia, Padreblog… et la notoriété numérique puis médiatique qui s'ensuivit, je suis le plus exposé publiquement. Cela me vaut des attaques parfois violentes – on devient vite une cible quand on est exposé – qui sont allées en 2013 jusqu'aux menaces de mort lors des débats sur le mariage homosexuel. Je reçois aussi beaucoup d'encouragements et de compliments pour ces engagements visibles.

Pourtant, je me sens bien petit vis-à-vis du reste de ma famille, comme vis-à-vis de beaucoup de mes confrères prêtres, moins exposés mais travailleurs fidèles à la vigne du Seigneur. Chaque fois que j'entre sur un plateau de télévision ou que je m'apprête à répondre à une radio, je pense à ma petite sœur handicapée. Elle souffre depuis la naissance d'un handicap physique qui la rend très fragile et lui a valu – et lui vaut toujours – de nombreux séjours à l'hôpital, ainsi que de multiples souffrances au quotidien. Malgré cela, elle a poursuivi des études brillantes et décroché un CDI. Elle a toujours vécu cela avec une grande foi, offrant ce qu'elle avait à vivre de douloureux pour de multiples intentions. Elle aurait pu s'enfermer dans sa souffrance ou dans un sentiment d'injustice profond. Elle reste au contraire d'une grande sensibilité à la souffrance d'autrui. Je sais qu'elle est souvent dans la prière et l'offrande pour mon ministère. Eh bien, si aux yeux du monde, un seul est sous les feux des projecteurs, je ne crois pas qu'aux yeux de Dieu l'autre ait moins de fécondité. Au contraire. On me dit souvent : « Mon père, vous êtes courageux de vous exposer. » Je pense, moi, au courage bien plus grand, car quotidien, de cette petite sœur que j'ai toujours admirée, sans trop savoir bien le lui dire. On est si pudique dans sa propre famille ! Et je lui rends hommage ici, en la remerciant pour cette leçon de vie qu'elle nous donne à tous. Sa vie est féconde, profondément féconde, car elle est un vrai témoignage de foi et d'espérance pour ceux qui la rencontrent. Elle aussi fait grandir les autres. Et je pense la même chose de mon autre sœur, principale adjointe d'un collège public en Seine-Saint-Denis, ou de mon frère entrepreneur et de sa femme qui ont fondé une belle famille. Sans parler de mes parents, qui m'ont appris la joie de servir et de se donner. Chacun, selon sa vocation, trouve une fécondité à sa vie, ou plutôt accueille cette fécondité que Dieu donne à sa vie.

Ne pensez jamais que votre vie est ordinaire, banale ou sans intérêt. Tous ne sont pas appelés à s'exposer. Mais l'engagement n'est pas réservé à ceux qui s'exposent. Toute vie peut être engagée quand elle n'est pas vécue que pour soi. Ne sous-estimez pas la valeur d'une vie donnée. Que la mère au foyer, que la société méprise, ne se sous-estime pas. Que le *senior* au chômage, que la société a jeté si facilement, ne se dévalorise pas. Que le malade ou la personne handicapée ne se sous-estime pas. Que celui ou celle qui souffre d'un célibat non choisi ne se décourage pas. Trop de chrétiens se disent que leur vie est banale ou médiocre par rapport aux grands défis de ce monde. Que chacun tienne et grandisse, là où Dieu l'a planté. Que chacun s'occupe du prochain à ses côtés. Que chacun fasse de son mieux « pour faire ce qu'il doit et être à ce qu'il fait » : telle est la définition de la sainteté selon saint Josémaria Escriva. Alors, Dieu se servira de tous. Dans une bataille, il y a ceux qui sont aux avant-postes et ceux qui sont en soutien. Les uns ont besoin des autres. Aucun n'est inutile dans le plan de Dieu. Nous serons surpris au Ciel !

Si cette fécondité est assurée par Dieu lui-même, cela veut dire que nos engagements actifs doivent être soutenus par une vie de prière solide. Un beau livre a marqué des générations entières de prêtres, *L'âme de tout apostolat* de Dom Jean-Baptiste Chautard[25]. Cette âme, c'est bien sûr l'oraison et la vie de prière. Sans cette part de contemplation, l'action devient de l'activisme. On s'épuise et on risque de s'agiter pour rien. C'est un combat permanent que de trouver du temps pour prier. Mais il faut choisir de prendre ce temps et non attendre d'en avoir. Plus on a un tempérament actif, plus on doit être attentif à cela : la source de toute fécondité se trouve dans ces temps passés en silence devant Jésus, dans l'Eucharistie reçue au moins le dimanche, dans des confessions humbles et franches vécues régulièrement, dans la prière du chapelet sous le regard de Marie, étoile et guide de nos engagements. À cette condition-là, le Seigneur pourra nourrir des foules à partir de notre pauvre obole : nos cinq pains et nos deux poissons ! Nous aurons pris le temps de remettre tout cela entre ses mains. Il ne s'agit pas de prier très longtemps ; notre devoir d'état ne nous le permet pas toujours quand on est laïc dans le monde. Mais de prier fidèlement. La

25. Ce trésor de la spiritualité est réédité aux éditions Artège.

valeur de notre prière réside dans sa fidélité. Le fruit de notre prière est la fécondité de nos engagements.

Le secret de la paix intérieure : la victoire est certaine !

Il faut vraiment réaliser que nos engagements prennent place dans une histoire qui nous dépasse. Cette histoire est celle d'un affrontement immense, une lutte originelle entre le bien et le mal, la vérité et le mensonge, la vie et la mort. C'est surtout l'histoire du Salut, de la réalisation du plan de Dieu en faveur de ce monde défiguré par le péché mais que Dieu ne s'est pas résolu à abandonner.

Or, nous connaissons déjà la fin de cette histoire. Elle se termine par la victoire du Seigneur, victoire manifestée à tous dans la gloire, le jour du retour du Christ-Roi, mais déjà acquise le soir du Vendredi saint et le matin de Pâques. Il n'y a pas de suspense ni de crainte à avoir : le Christ est vainqueur, le Malin se sait vaincu. Il se déchaîne d'autant plus pour essayer d'écarter le plus grand nombre de cette victoire. Ne pouvant plus rien contre Dieu, il fait tout pour abîmer et blesser ce qui est précieux au cœur de Dieu : la création et au sommet de celle-ci, l'homme et la femme dans leur ressemblance à Dieu, c'est-à-dire en particulier dans leur capacité à aimer et à se donner.

Sans le savoir, ou peut-être en le pressentant, beaucoup de ceux qui se démènent pour détruire l'idée de Dieu dans le cœur de l'homme, pour abîmer le projet de Dieu sur la famille, sur la vie, sur le couple, pour arracher de la société tout indice de ce projet, tout signe de sa réalisation, jouent le jeu de l'Adversaire et du Diviseur. Mais cela veut aussi dire qu'ils ont déjà perdu. Et que nous, chrétiens, sommes dans le camp des gagnants, si nous nous mettons réellement à la suite du Christ et essayons de vivre ses commandements. Attention : il n'y a aucun orgueil à en tirer. Tout cela nous donne de vraies responsabilités, car il n'est pas question de nous reposer tant qu'un seul de nos frères en humanité risque de ne pas profiter de cette victoire de Jésus sur le mal. Tout l'enjeu est là ; c'est même notre mission de chrétiens dans le monde : faire participer l'humanité à la victoire du Christ. Nous ne voulons pas gagner seuls !

Cela veut aussi dire que nous pouvons garder notre cœur en paix. Quelles que soient les tempêtes extérieures et les bourrasques à la surface de notre vie, quels que soient les soubresauts et les batailles que nous font connaître nos engagements, notre cœur reste en paix car il est ancré dans cette espérance chrétienne de la victoire finale de Jésus.

Voilà pourquoi nous devons abandonner tout discours de perdant ! J'avoue être fatigué par le discours de ces chrétiens qui passent leur temps à gémir sur la méchanceté des autres, sur l'état du monde ou sur la dureté de la bataille. L'ennemi est d'autant plus déchaîné qu'il se sait vaincu. Cessons de nous étonner de ses coups bas ! Arrêtons de nous plaindre que le Malin soit… malin ! Nous sommes dans le camp de la victoire. Cela doit nous donner une assurance extraordinaire !

J'aime raconter cette histoire de Dietrich Bonhoeffer. Ce pasteur protestant était l'une des grandes figures de la résistance spirituelle au nazisme en Allemagne. Son réseau a été démantelé. À la tête de ce réseau, il a été dénoncé et condamné à mort. Quelques minutes avant son exécution, son bourreau, sans doute ému par la dignité et la foi de cet homme, lui tend un petit papier et un crayon et lui propose d'écrire quelques mots. Le soldat promet qu'il se chargera de les transmettre à la famille du pasteur. Dietrich Bonhoeffer n'a griffonné que quatre mots : « La victoire est certaine ! »

Aux yeux des hommes, il vit pourtant l'échec le plus cruel qu'il soit : il va être décapité, son réseau s'est effondré, Hitler est toujours à la tête du Reich, il laisse une fiancée… le mal semble victorieux. Mais parce qu'il a engagé sa vie pour suivre ce que sa conscience lui dictait comme conduite, parce qu'il a vécu cet engagement en Dieu, comme disciple du Christ, parce qu'il sait que l'offrande de sa vie participe à une œuvre qui le dépasse, il en est certain : tout cela portera du fruit en son temps. Sa vie donnée participe à l'avènement de la victoire finale. Voilà l'espérance chrétienne ! Elle ne consiste pas à croire que tous nos engagements déboucheront sur des victoires immédiates, visibles, humaines. Elle ne consiste pas non plus à souhaiter être épargné par les épreuves en tout genre. Il n'y a pas de batailles sans blessures, ni de victoires sans combats. Cette espérance consiste à croire dans la réalisation de la promesse de Jésus, faite le Jeudi saint : « Je vous ai parlé ainsi, afin qu'en moi vous ayez la paix. Dans le monde, vous avez à souffrir, mais courage ! Moi, je suis vainqueur du monde[26]. » Avec Lui, nous n'avons rien à craindre. Voilà le secret de notre paix intérieure, au cœur même des tempêtes, des échecs ou des succès éventuels, des batailles inévitables.

26. Jean 16, 33.

« ILS SONT DANS LE MONDE, PARCE QUE JE LES AI ENVOYÉS »

« Je ne te demande pas de les retirer du monde. Ils sont dans le monde, parce que je les y ai envoyés. »

Le chrétien est en mission

Ce que dit Jésus ici a une première conséquence pour nous tous : nous sommes invités à un changement de regard, à la fois sur le monde et sur nous-mêmes. Partout où se trouve un chrétien, il peut et doit se considérer comme « envoyé » par Jésus, missionné par lui. Cela peut sembler simple, mais cela change en profondeur le regard à poser sur les réalités du monde comme sur les personnes.

Concrètement, faites le petit exercice suivant : demain, en entrant dans votre salle de classe, dans votre entreprise ou dans le local de votre association, arrêtez-vous quelques instants et prenez le temps de regarder ceux qui sont là. Vous les connaissez par cœur, mais les avez-vous déjà regardés comme vous étant confiés ? Prenez le temps de vous redire tout doucement ce que vous dit Jésus: « Si tu es dans cette classe, dans ce club de sport, dans ce groupe d'amis, dans ce quartier, dans ce bureau… c'est parce que je t'y ai envoyé. » Je vous promets que vous allez voir ces gens autrement! Vous êtes en mission auprès d'eux, le Seigneur a permis que vous soyez envoyé à cet endroit, sur leur route, pour qu'à travers vous – et à travers votre témoignage, votre vie, vos paroles – ils puissent grandir et Le découvrir. Le Seigneur vous a mis là pour qu'il y ait demain, à cet endroit, plus de vérité, de justice et de paix. Le Seigneur vous a choisi, vous. Et pas un autre.

Certains ouvriront peut-être de grands yeux. Pourquoi moi? Pourquoi m'aurait-il choisi? Je n'ai rien demandé! Pourtant c'est bien à vous qu'il confie ce monde, ces amis, ces collègues, ces camarades de classe. Au soir de votre vie, il vous demandera ce que vous en avez fait. On ne peut pas prendre cette mission à la légère: il faudra rendre des comptes. Vous pouvez récriminer, dire que c'est une responsabilité trop lourde et que vous n'avez pas donné votre accord. Certes, mais il n'y a qu'à prendre au sérieux les paroles de Jésus lui-même. « Il sera beaucoup demandé à ceux qui ont beaucoup reçu[27]. » Si vous êtes baptisé, vous faites partie de ceux qui ont *beaucoup reçu*: que peut-on recevoir de plus beau que la foi? Si en plus vous avez quelques talents… ce qui est le cas de chacun

27. Luc 12, 48.

de nous… alors c'est de vous que Jésus parle ! Son choix est la marque de sa confiance en vous. Allez-vous accepter cette mission qui ne vous laissera certes plus aucun repos mais qui pourra donner à votre vie cet absolu, cet enthousiasme et ce cap qui lui manquent ? Ou bien allez-vous baisser les yeux et vous détourner « tout triste[28] » comme le jeune homme riche, trop attaché à son confort et à ses biens ? Il vous fait confiance ! Pourquoi hésiter ?

Bien sûr, si vous êtes dans telle faculté ou telle entreprise, c'est aussi parce que vous l'avez choisie et non uniquement parce que Dieu vous a mis là par miracle. Mais Dieu veut se servir de nos choix, des événements et des rencontres qui nous conduisent vers tel ou tel port. Il nous laisse à la fois profondément libres, et sait en même temps tout faire concourir à son projet. Il nous appelle ainsi à choisir de mettre librement notre vie au service de son projet. C'est cela « s'engager ».

C'est un très beau sujet de méditation à approfondir : « Ce monde nous est confié. » Le pape François y revient souvent dans son encyclique *Laudato si,* en parlant de notre « maison commune ». Il rappelle que les chrétiens doivent être aux avant-postes pour en prendre soin, car ils savent – eux – qu'elle leur est confiée par le Créateur lui-même.

28. Cf. Matthieu 19, 22 ou Marc 10, 22.

Jésus lui-même ne s'est pas découragé, alors qu'Il sait bien combien ce monde est blessé. C'est bien en connaissance de cause qu'Il demande à son Père de ne pas nous en retirer ! Cette demande explicite de Jésus à son Père est d'une puissance inédite : il s'agit ni plus ni moins de sa prière. Elle est aussi l'explication profonde de notre persévérance à vouloir aimer ce monde et le servir : nous y sommes *envoyés*. Voilà pourquoi nous ne pouvons pas nous décourager, ni nous en désintéresser.

Le pape François l'exprimait fortement dans son exhortation apostolique *La Joie de l'Évangile*. Je vous invite à prendre le temps de méditer dans la prière ces quelques lignes :

> « La mission au cœur du peuple n'est ni une partie de ma vie ni un ornement que je peux quitter, ni un appendice ni un moment de l'existence. Elle est quelque chose que je ne peux pas arracher de mon être si je ne veux pas me détruire. Je suis une mission sur cette terre, et pour cela je suis dans ce monde. Je dois reconnaître que je suis comme marqué au feu par cette mission afin d'éclairer, de bénir, de vivifier, de soulager, de guérir, de libérer. Là apparaît l'infirmière dans l'âme, le professeur dans l'âme, le politique dans

> l'âme, ceux qui ont décidé, au fond, d'être avec les autres et pour les autres[29]. »

Les chrétiens doivent donc renoncer une bonne fois pour toutes à ce discours désespéré qu'on entend souvent ici et là sur le monde. Le « tous pourris » ou le « tout est foutu » ne sont pas des expressions chrétiennes. Ce sont des paroles qui condamnent. Si Jésus l'avait dit ou même pensé, il ne serait jamais venu nous rejoindre et donner sa vie. Jésus ne pose pas un regard naïf sur ce monde. Mais il est venu l'aimer et le soigner, pas le condamner.

Connaître et aimer ce monde

Il nous faut par conséquent demander la grâce d'avoir le regard du Christ sur ce monde. Nous ne sommes pas invités à aimer tout ce qui existe dans ce monde. Jésus lui-même a su dénoncer quand il le fallait, même avec dureté parfois, le mal, l'injustice, les offenses faites à son Père ou le péché des hommes. Pourtant Il a aimé ceux vers lesquels Il était envoyé, y compris ceux qui L'ont persécuté. Le soir du Jeudi saint, au moment même où Judas scelle sa trahison par un baiser, Il l'appelle « mon ami » ! Que la détestation de ce qui défigure notre monde se concilie toujours avec une immense bienveillance pour

29. Pape François, *La Joie de l'Évangile*, n°273, Bayard, Fleurus-Mame, Cerf.

les personnes. Que le combat des idées qu'il nous faut mener ne soit jamais un combat contre les personnes. C'est le sens du commandement de Jésus : « Aimez vos ennemis, et priez pour ceux qui vous persécutent[30]. » Cela ne veut pas dire minimiser ou relativiser le mal que peuvent faire telles ou telles personnes. Cela nous invite seulement à ne jamais désespérer des personnes. L'amour peut désarmer beaucoup de critiques. Parfois, on ne peut pas témoigner. L'autre n'est pas prêt à écouter, les conditions ne sont pas réunies pour qu'il y ait un dialogue possible. Commençons par aimer gratuitement. La charité prépare le terrain et rendra possible le témoignage le jour venu. On est prêt à écouter quelqu'un dont on sent la bienveillance. On respecte quelqu'un qui nous a d'abord prouvé sa générosité et son sens du service.

Pour aimer, il faut connaître. Il y a une exigence pour les chrétiens de cultiver une véritable curiosité et une grande ouverture intellectuelle vis-à-vis de ceux qui les entourent. Comment témoigner auprès de ceux qu'on ne connaît pas ? L'individualisme grandissant ne favorise pas cette ouverture aux autres et nous n'en sommes pas indemnes. Le communautarisme est un autre obstacle. Chacun se referme sur son premier cercle de connaissances, ne fait plus l'effort d'aller à la rencontre de celui qui pense autrement, ne s'ouvre plus à ce qu'il ne connaît

30. Matthieu 5, 44.

pas. Paradoxalement, le développement d'Internet n'a pas toujours favorisé cette ouverture réelle : on croit connaître en se contentant d'avoir « googlisé » la question ou la personne, on ne prend pas le temps de la rencontre. Pour connaître, il faut se faire proche.

Je crois pourtant à la grâce de la rencontre. Dans l'Évangile, j'ai toujours été touché de la façon dont Jésus parle à chacun. Il se rend aussi bien dans les dîners des notables, au milieu des pharisiens et des riches de son temps, que chez les publicains et les plus pauvres. Quelle liberté ! Il prend le temps pour chacun, de Nicodème à la Samaritaine, en passant par Zachée ou le centurion romain. Il faut que les chrétiens mais aussi les prêtres, justement parce qu'ils sont solides dans leurs convictions, n'aient pas peur d'imiter leur divin Maître. Nous perdrons beaucoup de la force de notre témoignage si nous n'osons pas rencontrer en vérité ceux qui vivent à nos côtés, sans partager tout ce que nous croyons. Cette rencontre doit d'abord être gratuite ; elle manifeste simplement l'intérêt que nous portons à chacun et notre désir de mieux connaître pour comprendre. S'il est vrai, cet intérêt sera ensuite le terreau d'échanges plus profonds. Il nourrira aussi un respect mutuel et contribuera à briser de nombreux *a priori* qui empêchent la réception de notre témoignage.

Beaucoup de nos engagements se heurtent en effet aux clichés, aux mépris ou autres réticences fondées sur des malentendus, des incompréhensions et des craintes irraisonnées. La rencontre fait tomber ces murs. Je me souviens, toujours pendant cette fameuse année 2013, d'avoir proposé à plusieurs reprises à des partisans identifiés du « mariage pour tous », qu'ils soient politiques ou journalistes, de partager un repas avec des amis prêtres. On serait amusé de connaître les déjeuners qui se sont ainsi organisés ! Mais ce fut toujours intéressant et riche d'enseignements. Il ne s'agissait pas de se convaincre de part et d'autre. Mais de connaître et de rencontrer la personne, en décidant d'aller au-delà du nom ou du visage, de la réputation ou du compte Twitter. On découvre l'histoire de cette personne, on comprend la cohérence de son discours, on perçoit les attentes ou les blessures, on entend les incompréhensions et les objections. Tout cela est infiniment précieux. C'est aussi exigeant : on est obligé de se remettre en cause, d'approfondir ses convictions, d'être toujours plus cohérent, de travailler pour répondre aux nouvelles objections. L'autre nous apprend toujours quelque chose ; on sort souvent meilleur d'un échange authentique. C'est vrai pour nous, c'est vrai aussi pour celui qu'on a rencontré.

Il faut le redire avec force : le chrétien peut être amené à se battre contre des idées, mais jamais contre des personnes. Il nous faut témoigner de cela. On ne réduit pas une personne aux thèses qu'elle peut défendre à l'Assemblée nationale ou dans un hebdomadaire. Elle est toujours plus complexe que cela. Dans la rencontre, les postures et les raccourcis du raisonnement tombent bien plus facilement.

Le chrétien n'a pas à avoir peur de ces rencontres. Les clichés sur les cathos – et encore plus sur les prêtres ! – sont tellement lourds que nous avons tout à gagner à oser la rencontre. Combien de fois ai-je pu m'apercevoir qu'on ne parlait plus du tout de la même façon d'une personne avec laquelle on avait déjeuné et échangé en vérité ! Même si on reste en désaccord, le respect mutuel en sort grandi. On peut détester l'image que donne quelqu'un, on peut détester ses idées. C'est toujours plus difficile de détester la personne qu'on a découverte, car elle n'est jamais complètement mauvaise. J'ai vu ainsi certains de mes contradicteurs prendre ma défense, non parce qu'ils étaient devenus d'accord avec moi, mais parce qu'ils savaient combien les attaques personnelles que je subissais étaient profondément injustes. Me connaissant, désormais, ils ne voulaient ni les laisser passer ni se taire. Je les en remercie.

Le regard chrétien à poser sur ce monde, c'est aussi cela : chercher avec obstination ce qu'il y a de beau chez l'autre et ce que je peux apprendre de lui. Dans l'Évangile, Jésus n'a pas peur de souligner la foi de ce soldat d'occupation qu'est le centurion romain. Il voit le désir d'aimer blessé mais profond de Marie-Madeleine. Il pose sur elle un regard juste, qui ne relativise rien de ses fautes mais qui ne l'enferme pas non plus dans ses limites.

Poser un regard chrétien sur les autres, c'est rechercher avec obstination et enthousiasme ce que nous pouvons avoir en commun. C'est un véritable effort à poursuivre : chercher une base commune à partir de laquelle nous pourrons travailler avec ceux qui sont de bonne volonté, sans partager pour autant toutes nos convictions. Beaucoup de nos « combats » dans ce monde ne sont pas d'abord confessionnels. Lutter contre la pauvreté, soutenir les familles en situation de précarité, défendre le mariage et la filiation, améliorer le système éducatif et les conditions de travail dans l'entreprise, développer une culture de vie, promouvoir une saine écologie : nous pouvons y travailler avec d'autres ! Même si des chrétiens sont aux avant-postes sur certains de ces sujets, ce ne sont heureusement pas des chasses gardées pour cathos !

Coopérer malgré nos différences à un bien commun, c'est exigeant. Les psychorigides et ceux qui aiment les raisonnements binaires auront du mal… Il nous faut pourtant approfondir les fondements rationnels de nos propositions, pour que celles-ci puissent être proposées à tous. L'argument d'autorité ne suffit pas, il faut donc travailler l'argumentation. Il est très précieux de montrer que poursuivre un bien commun peut rassembler une grande diversité de personnes, même si cela nous demande parfois, pour nous catholiques, de sortir de notre zone de confort. Servir ensemble une cause commune peut se révéler décapant et… propice à une vraie découverte de l'autre. C'est une belle façon de s'ouvrir à ce qu'il y a de meilleur chez l'autre, et de lui faire découvrir aussi ce qui nous anime.

Pour aimer, il faut connaître, et se laisser connaître. C'est aussi cela être pleinement dans le monde. Voilà un autre exercice tout simple que chacun peut faire : prendre le temps d'aller chercher ce que chaque camarade de classe, collègue de travail fréquenté au quotidien, et même convive le temps d'un repas, peut m'apprendre de beau. Il faut qu'à la fin de l'année, je puisse avoir rencontré chacun, en dépassant la façade immédiate dont on se contente d'habitude, et en ayant osé chercher à découvrir la personne qui est derrière. Cette rencontre est le premier pas du témoignage, car au fond la première bonne nouvelle dont nous voulons nous faire les témoins, c'est que chaque personne est infiniment précieuse aux yeux de Dieu… et donc à nos yeux.

Chaque personne a du prix pour Dieu, chaque vie est unique. Combien ont besoin de se sentir aimables, c'est-à-dire dignes d'être aimés et d'intéresser les autres ! Quand vous donnez à quelqu'un l'occasion de vous apprendre quelque chose, vous le faites grandir. C'est parfois même vous qui révélerez à la personne ce qu'elle a de beau en elle, ce qu'elle a de commun avec vous – par exemple cette soif de la vérité – alors qu'elle est persuadée de ne pas valoir grand-chose à vos yeux ou de ne pas vous intéresser.

Combien sont convaincus par exemple que les chrétiens ne font que juger ceux qui ne sont pas « aussi bien qu'eux » ? Quel étonnement quand ils découvrent que nous sommes capables de concilier exigence et miséricorde ! Que la fidélité à nos convictions n'empêche pas la bienveillance, l'humour ou l'ouverture à l'échange ! Que droiture et clarté ne riment pas avec rigidité ! Que nous avons nous-mêmes beaucoup à apprendre d'eux ! Et surtout, quand nous leur disons que nous sommes les premiers à nous sentir pauvres et pécheurs, pas meilleurs qu'eux, mais juste « chanceux » d'avoir reçu cette Vérité qui rend libre…

Connaître pour comprendre. Il faut travailler, étudier, dialoguer pour comprendre les aspirations de nos frères et sœurs, les courants de pensée qui peuvent fonder leurs points de vue, les convictions qui sont les leurs, les joies et les peines de leur vie… Sinon, comment voulez-vous les aimer et les servir ? Comment leur parler et témoigner, si nous ne nous comprenons pas, si nous ne parlons pas le même langage ?

J'ai toujours été impressionné par les prêtres missionnaires, par exemple ceux des Missions Étrangères de Paris (les MEP). Le jour de leur ordination, ils apprennent dans quel pays d'Asie ils seront envoyés. Et leur première nomination consiste – avant même de commencer l'apostolat – à apprendre à parler la langue, ce qui n'est pas une mince affaire dans cette partie du globe ! Parfois, le jeune missionnaire passe pas moins de trois ans sans autre mission que d'apprendre le ou les dialectes qui lui serviront à comprendre ceux vers lesquels il est envoyé. Il pourra ainsi leur parler et les écouter. Nous aussi, nous devons apprendre à comprendre et nous faire comprendre de ceux qui nous sont confiés. Nous ne pouvons pas rester dans notre tour d'ivoire, ne pas accepter de nous faire proches. L'entre soi est mortifère ; il ruine tout élan missionnaire.

Servir dans ce monde, tel qu'il est

Être dans le monde, c'est accepter d'y être vraiment. C'est-à-dire accepter d'être dans ce monde tel qu'il est profondément : imparfait et blessé. Le Paradis n'est pas sur terre ; la perfection non plus. Comme il est parfois long de faire le deuil de cette perfection, pour nous-mêmes et pour les autres !

Il nous faut commencer par accepter le réel. C'est tout le problème de l'idéalisme de certains chrétiens qui s'enthousiasment pour de belles idées mais sont incapables de les confronter au réel. Il ne faut pas renoncer à l'idéal mais l'incarner dans le réel. C'est souvent le défi des premiers pas dans la vie professionnelle, en politique ou à de nouvelles responsabilités.

Cela commence par accepter notre époque, avec ses grandeurs et ses blessures. La nostalgie n'est pas chrétienne. Le temps perdu à pleurer sur le passé est insupportable. « C'était mieux avant… » : et après ? Il faut bien sûr connaître notre passé, savoir ce que nous devons aux générations qui nous ont précédés. Il faut des racines. Il faut être conscients de notre héritage culturel, spirituel, politique… Mais cela ne doit pas faire de nous des hommes et des femmes figés dans un passé regretté, d'ailleurs souvent idéalisé ! Les racines sont là pour nous faire tenir debout et agir aujourd'hui. Mais Dieu nous a choisis pour aujourd'hui, pour cette époque, avec les enjeux et les défis qu'elle porte. On peut regretter de ne pas vivre au temps de la chrétienté florissante, des cathédrales, des chevaliers et des puissantes abbayes… mais tout le temps que l'on passe à rêver d'un monde qui n'est plus, c'est du temps perdu pour agir maintenant.

Il y a parfois une tentation assez sournoise de se complaire dans une sorte de « spleen historique » où l'on se persuade que l'époque actuelle n'est plus vraiment intéressante et que « l'âge d'or » ou « la grande époque » est passé. Tout cela vient peut-être toucher notre côté romantique mais nous rend inactifs pour les défis du présent. Il ne s'agit pas d'être de simples commentateurs d'une histoire passée, mais bien de contribuer à l'histoire qui vient ! Il y a une forme de docilité qui consiste à accueillir ce que je n'ai pas choisi : le pays dans lequel je suis né, la famille qui m'est donnée, la culture et les talents qui sont les miens, l'époque que le Seigneur a choisie pour moi. Voilà le terrain de ma mission. On ne choisit pas sa mission, on la reçoit.

C'est ce qu'écrit avec talent Fabrice Hadjadj :

> « La foi en Dieu implique la foi en l'aubaine d'être né dans un tel siècle et au milieu d'une telle perdition. Elle commande une espérance qui dépasse toute nostalgie et toute utopie. Nous sommes là, c'est donc que le Créateur nous veut là. Nous sommes en un temps de misère, c'est donc le temps béni pour la miséricorde. Il faut tenir notre poste et être certains que nous ne pouvions pas mieux tomber[31]. »

Servir dans un monde imparfait

Accepter le réel veut aussi dire accepter l'imperfection qui marque ce réel.

Cela signifie d'abord consentir à notre propre imperfection, ce qui n'est paradoxalement pas le plus facile. Beaucoup attendent d'être parfaits pour s'engager, c'est-à-dire de ne plus ressentir un gramme d'orgueil dans leur cœur, ou d'être assurés de la gratuité parfaite et entière de leur intention ! Dans ce cas, vous risquez

31. Fabrice Hadjadj, *L'Aubaine d'être né en ce temps*, Éditions de l'Emmanuel.

d'attendre longtemps et de ne jamais rien faire. Nos cœurs sont mêlés, c'est ainsi.

Dans l'Évangile, on renonce à arracher l'ivraie qui s'est mêlée au bon grain du champ : « Non, en enlevant l'ivraie, vous risquez d'arracher le blé en même temps[32]. » dit le maître aux ouvriers. Le tri se fera à la fin, au jour de la moisson. Dieu lui-même accepte avec patience que nos intentions ne soient jamais complètement pures. Évidemment, l'orgueil, le besoin de reconnaissance, l'envie de gagner, l'ego, le besoin de revanche sur le passé... viennent se mêler à nos désirs d'entreprendre, de servir, de s'engager pour telle ou telle cause. Dieu sait tout. Et parce qu'Il voit ce qu'il y a de bien et de beau dans notre désir d'engagement, Il supporte ce qui peut s'y mêler de moins beau. Charge à nous de remettre régulièrement nos intentions sous son regard, afin qu'Il puisse Lui-même les purifier. Mais ne rêvons pas d'une intention parfaitement pure qui nous animerait dès le départ ! Nous sommes des êtres complexes, cabossés par la vie, au cœur partagé. Cela doit nous rendre humbles, conscients de nos limites et d'autant plus attachés à Jésus, mais cela ne doit pas nous freiner.

Il doit en être de même pour l'inquiétude de nous « salir » dans nos engagements ou de nous retrouver dans des batailles difficiles. Cela ne doit pas nous faire

32. Matthieu 13, 24-30.

reculer. Il n'y a que celui qui reste sur le banc de touche qui peut espérer sortir indemne de la partie ! Il n'y a que les planqués qui garderont la conscience absolument et toujours tranquille ! S'engager dans ce monde imparfait, en portant nos propres imperfections, c'est effectivement renoncer au confort moral de celui qui ne fait rien. C'est accepter de se retrouver confronté aux choix difficiles, qui inquiètent et parfois nous empêchent de dormir. C'est être prêt à subir les critiques, souvent dans son propre camp, de ceux qui trouveront nos failles et nous en voudront de ne pas toujours être à la hauteur. C'est connaître les tourments intimes les plus durs et les combats intérieurs les plus violents.

Nos engagements prennent place dans un combat spirituel bien plus grand que nous, entre le bien et le mal, la vérité et le mensonge, la culture de vie et la culture de mort. Il ne faut pas croire que le démon nous laissera tranquilles si nous nous entêtons à faire le bien ! Le combat spirituel sera à la hauteur des enjeux ! Plus vous ferez le bien, plus vous avez un bel idéal, et moins l'Adversaire vous laissera tranquilles. Il ne supporte pas de vous voir aimer, servir, donner et vous donner. Tout cela fera peut-être sourire ceux qui n'ont pas la foi. Mais si vous l'avez, vous savez de quoi je parle. Le combat contre le découragement devant ses propres fautes, qui ne l'a pas connu ? Cette tentation de la désespérance devant la puissance du mal, devant le mal qu'on nous fait ou que nous sommes capables de faire nous-mêmes, qui ne l'a pas ressentie, au moins une fois, au soir de sa journée ? Ce discernement douloureux et angoissé face aux décisions qui engagent notre vie, ou celle de ceux qui nous sont confiés… ces luttes intimes qui nous désarçonnent, tellement cela nous semble loin de l'idéal que nous portons… cet épuisement face aux incompréhensions, aux critiques, au manque de reconnaissance, aux jalousies… Tout cela vous le connaîtrez si vous vous engagez. Je vous le promets… Rien de grand ne se fait sans combat.

Le pape François répondait ainsi à un jeune qui l'interrogeait sur les risques de l'engagement politique :

> « Faire de la politique est une forme de martyre : vraiment un travail de martyre, parce qu'il faut toute la journée avancer avec cet idéal, tous les jours avec cet idéal de construire le bien commun. Et aussi porter la croix de bien des échecs, et aussi porter la croix de nombreux péchés. Parce que c'est difficile, dans le monde, de faire le bien au milieu de la société sans se salir un peu les mains ou le cœur ; mais pour cela, tu vas demander pardon, tu demandes pardon et tu continues.
>
> Mais que cela ne te décourage pas. “Non, Père, je ne fais pas de politique parce que je ne veux

> pas pécher." – "Mais tu ne fais pas le bien! Va de l'avant, demande au Seigneur de t'aider à ne pas pécher, mais si tu te salis les mains, demande pardon et avance!" Mais faire, faire... Et se battre pour une société plus juste et plus solidaire[33]. »

Ces paroles sont fortes et éclairantes. Accepter ses limites, ce danger, ce risque permanent de tomber, l'impossible tranquillité du cœur face aux tentations de toute sorte peut effectivement être une vraie croix à porter. S'engager et s'exposer revient parfois à avancer sur une ligne de crête, à la merci du moindre faux pas, aux prises avec les rafales de vent qui nous attaquent et nous ébranlent de toute part. Faut-il renoncer pour autant? Non. Mais il faut être encordé à des amis sûrs, équipé et protégé par les sacrements et la prière, guidé spirituellement... On ne s'aventure pas n'importe comment sur ces chemins-là.

Du coup, j'aimerais que les chrétiens soient parfois moins durs avec leurs frères qui s'engagent. Ceux qui font moins (ou qui ne font rien) sont souvent les plus sévères pour juger et condamner leurs propres frères, engagés en politique ou dans d'autres domaines. C'est facile de commenter le match quand on est derrière son écran.

33. Pape François, discours du 30 avril 2015 au Congrès de la Communauté Vie Chrétienne.

Que ferions-nous sur le terrain ? C'est facile de reprocher à une personne de faire tel compromis dans le domaine politique ou de manquer de courage face aux caméras, ou encore de tomber dans telle ou telle faute personnelle... Mais que fais-tu de bien, toi ? Que fais-tu pour ton pays ? Pour ta ville ? Pour tes frères ? Pour le Christ ?

Les catholiques ont cette désagréable habitude de se juger facilement et de se diviser encore plus facilement. Moins ils sont nombreux, plus ils sont divisés ! C'est absurde ! Chacun donne ou retire des brevets de « catholicité » au candidat adverse ou à la stratégie du camp d'en face. On est sans pitié pour les limites et les faiblesses de l'autre. On réclame au catholique qui s'engage une perfection qui n'est pas de ce monde, oubliant que c'est un pauvre qui essaye de son mieux de servir. Attention, il ne s'agit pas de renoncer à l'exigence de cohérence d'autant plus grande pour ceux qui sont reconnus comme chrétiens. Mais on peut souhaiter un peu de miséricorde pour soi et pour les autres ! Un minimum de bienveillance ! Reconnaissons combien notre cœur est mêlé, combien nous sommes capables à la fois des plus grandes générosités et des plus pitoyables faiblesses, et tirons de cet aveu un désir d'encourager ceux qui se lancent. Que les chrétiens s'encouragent entre eux, au-delà des différents chemins d'engagement qu'ils prennent.

Il nous faut enfin accepter l'imperfection des autres et de ce monde. Là aussi, il y a un deuil difficile à vivre ! Il suffit d'entendre certains catholiques parler de l'engagement politique. Combien d'entre nous confondent élection et canonisation ! On rêve du candidat parfait... mais le Messie est déjà venu ! On rêve du parti parfait... mais comment l'imaginer ? Nous y reviendrons à la fin, à propos de l'engagement politique. Mais cessons d'attendre les conditions idéales et parfaites pour s'engager. Aucune association, aucune paroisse, aucune entreprise, aucun parti n'est parfait. Il va falloir accepter de partir du réel, de faire avec les personnes telles qu'elles sont, de progresser ensemble vers un mieux possible.

S'engager pour un chrétien, dans un monde qui ne l'est plus, cela passe nécessairement par apprendre à coopérer avec d'autres, à essayer de construire un projet commun, retrouvant patiemment ce qui peut découler d'un bien commun à servir. Si on attend que tout le monde pense comme nous, on ne s'investit dans rien. Si on attend des coéquipiers parfaits, si on exige de nos responsables ou des dirigeants qu'ils soient parfaits pour collaborer avec eux ou pour eux, alors rien ne se fera.

Quand j'étais scout, j'aimais beaucoup lire les « Signe de Piste ». Ces romans d'aventure, qui avaient souvent comme cadre la vie d'une troupe scoute, étaient bien illustrés. Les dessins montraient toujours des installations magnifiques, avec des troncs d'arbres élancés et tout droits, des perches idéales pour construire des tentes surélevées de plusieurs mètres, des coins de patrouille super confortables, etc. Dans ces romans, les scouts eux-mêmes sont tous parfaits! Bonne tête, regards francs, grands, caractère plein de noblesse et d'enthousiasme... Comme chef de patrouille, j'avais donc préparé mes plans d'installation en m'inspirant de ces dessins. Mais une fois arrivé sur le lieu de camp, j'ai découvert que dans la réalité les arbres si droits et si élancés n'existent pas! Ils ont tous des imperfections, ne sont jamais exactement tels qu'il le faudrait. Et les scouts – moi le premier – ne ressemblaient pas non plus à ceux des « Signe de Piste »!

Tout est plus complexe, mélangé, imparfait. Alors que fait-on? On renonce? On continue de rêver à un monde idéal? Non. On apprend à faire au mieux avec ce qui nous est donné. On apprend à incarner son idéal, ses grands désirs, son envie d'entreprendre et de réussir. On accueille la situation de départ que le Seigneur nous envoie et on part de là. C'est, au fond, une leçon de réalisme et d'humilité. Finalement, mes installations de camp scout ne ressemblaient pas vraiment aux illustrations des « Signe de Piste »! Mais elles étaient le fruit d'un travail commun, des efforts de scouts imparfaits, aux limites évidentes, qui avaient su mettre leur générosité, leur enthousiasme et leur envie de gagner au service de ce projet commun. Le résultat portait la marque de nos limites mais aussi de nos talents conjugués. Nous avions grandi en le réalisant ensemble. C'est le résultat que nous demandait le Bon Dieu. Il nous connaît assez, il connaît ce monde vers lequel il nous envoie.

Cessons de croire que le Seigneur attend autre chose que ce que nous pouvons faire. Ayons l'humilité d'accepter que notre œuvre en ce monde portera la marque de nos limites. Elle sera limitée mais elle sera grande aux yeux de Dieu, car elle prendra place dans son œuvre à lui. La fécondité de nos engagements nous dépasse.

Accepter d'avoir à progresser

Être dans ce monde, tel qu'il est, nous invite aussi à reconnaître qu'on ne le changera pas en vingt-quatre heures. Pourtant beaucoup de chrétiens se montrent vite découragés face à l'ampleur de la mission ou devant les échecs et les déceptions du quotidien. D'autres rechignent à s'engager sans l'assurance d'un succès immédiat et certain. Tout cela ne tient pas compte du réel.

Prenons l'exemple délicat de l'avortement. Pour un chrétien, aucune compromission n'est possible sur ce point : l'avortement n'est jamais une solution, on ne peut y être favorable. La vie d'un enfant ne peut être ainsi détruite, quelles que soient les motivations ou les circonstances. Une fois que cela est dit, qu'est-ce qu'un chrétien peut espérer concrètement, dans la société telle qu'elle est ? Qu'un candidat aux présidentielles mette dans son programme l'interdiction de l'IVG ? Aucun ne le fait. Se faire élire en brandissant une pancarte « Non à l'IVG » ? Impossible. Faut-il alors ne pas voter ni se présenter ? Non. L'Église nous demande de continuer à voter et à nous engager. Elle est pourtant consciente de l'imperfection et des limites parfois graves des différents programmes politiques. Faut-il mentir ? Non plus. Devons-nous renoncer à faire disparaître ce drame de l'avortement ? Non, cela doit rester un objectif. Simplement, prenant en compte le réel, nous comprenons que cela se fera par étapes.

Il nous faut d'abord reconstruire une culture de vie face à cette culture de mort qui a déferlé dans nos sociétés occidentales. Pour que le message soit audible, il faut éclairer les consciences, éduquer les cœurs, faire redécouvrir peu à peu que toute vie vaut la peine d'être vécue. On va encourager tout ce qui va aller dans ce sens et qui va peu à peu permettre de faire progresser la culture de vie dans les consciences, le respect de la vie chez chacun. C'est d'abord un combat culturel, avant qu'il puisse enfin se traduire dans la loi. Ce bien – le respect de toute vie – nous allons y arriver étape par étape.

L'objectif est, qu'un jour, plus aucune femme ne soit obligée d'en arriver à cette extrémité. Si nous sommes aujourd'hui minoritaires à refuser l'avortement comme un « droit fondamental », peut-être pourrions-nous déjà être plus nombreux par exemple à reconnaître qu'il n'est pas normal qu'une femme qui voudrait garder son enfant ne puisse pas le faire pour des raisons économiques, ou parce qu'elle n'est pas soutenue dans son choix. Commençons par mettre en œuvre toute l'aide nécessaire aux femmes confrontées à ce choix si difficile. Accompagnons mieux celles qui souffrent d'avoir vécu ce drame de l'IVG. Brisons le tabou de la souffrance qu'elles portent trop souvent seules. Luttons pour que la dignité de toute personne handicapée soit reconnue et valorisée. Cela passe par les médias, les films, la culture mais aussi la place dans l'entreprise, la ville, etc. Obtenons un soutien plus grand pour les parents qui accueillent l'annonce du handicap de leur enfant. Œuvrons à la promotion d'une éducation affective et sexuelle humanisante et respectueuse dans les établissements scolaires : ne laissons pas cela aux associations libertaires militantes ou au Planning ! Militons pour une politique familiale qui récompense et aide concrètement les parents. Que le choix de la vie soit valorisé, encouragé, soutenu, pour que de plus en plus il soit celui de tous !

On pourrait faire le même constat sur la lutte contre la pauvreté. Dans son encyclique, le pape François montre bien qu'il faut lutter contre la « culture du déchet » qui finit toujours par se retourner contre les plus fragiles, les plus pauvres, les moins « utiles » de notre société. On n'arrivera pas à bout de la pauvreté en une génération. Mais on peut changer les mentalités, éduquer les consciences, permettre un mieux.

Arrêtons de nous plaindre que l'immense majorité de nos élus ou de nos élites médiatiques ne partagent plus les convictions qui sont les nôtres sur la fin de vie, la famille, le début de la vie, la culture ou le bien commun ! Comment espérer qu'il en soit autrement ? La vague libérale libertaire a tout emporté. Une fois ce constat fait, que choisissons-nous ? Perdre notre temps à nous plaindre, ou reconstruire patiemment et prendre les moyens de le faire efficacement ? N'attendons pas que l'exemple vienne d'en haut. Commençons au niveau local par porter des projets concrets qui relèvent de cette culture de vie que nous voulons diffuser.

Regardez l'exemple du « mariage pour tous » : ce n'est pas en 2013 que nous avons perdu cette bataille. Cela fait trente ou quarante ans que le combat culturel a été engagé pour que les esprits soient prêts à cette révolution anthropologique. Avec beaucoup de patience et de constance, les militants de cette cause ont investi tous les lieux de la transmission. Ils ont su diffuser leur idéologie, la faire entrer dans les foyers français, de façon habile et efficace : séries télévisées, journaux, livres, colloques, culture, art, école, etc. Des grandes figures et des personnalités ont su incarner cette cause, d'autres ont su la financer. La politique n'arrive qu'à la fin de toute cette évolution, pour la finaliser et la transcrire dans la loi. Et là encore, les partisans ont su être patients : d'abord le pacs, puis le mariage. Demain, ce sera la PMA et la GPA.

Comment ne pas repenser à cette phrase de Jésus, dite sans doute en soupirant un peu : « *Les fils de ce monde sont plus habiles entre eux que les fils de la lumière*[34]. » Je ne peux m'empêcher d'admirer l'engagement et la persévérance de ceux qui ont porté cette cause. Je continuerai de m'opposer à l'idéologie libertaire qui la nourrit. Mais je reconnais que nos « adversaires » ont été « habiles », pour reprendre le qualificatif de l'Évangile. Ils n'ont pas hésité à s'engager dans la durée, à y consacrer du temps et de l'argent, à mettre leur réussite ou leurs compétences professionnelles au service de leurs idées. Comment pourrions-nous faire moins qu'eux, si nous croyons vraiment défendre le bien commun ?

Il faut une vraie générosité pour s'engager tout en acceptant de ne pas voir tous les fruits de cet engagement de son vivant, en le faisant « pour les générations à venir » ! Il faut savoir encaisser les déceptions, les échecs ponctuels, les batailles perdues, la lenteur des progrès, la fragilité des victoires et se montrer tout simplement persévérant, sans jamais renoncer à l'idéal. C'est la différence entre compromis (nécessaire) et compromission (impossible). Croyez-vous vraiment dans les idées que vous portez ? Si oui, alors vous savez comme

34. Luc 16, 8.

Dietrich Bonhoeffer qu'au bout du compte « *La victoire est certaine* » ! C'est cela qui vous fera accepter de prendre un chemin escarpé, sinueux, qu'on ne peut gravir en quelques jours seulement, ni même quelques années. Nos engagements ressemblent souvent à ce chemin sinueux. Mais chaque pas compte. Vous accepterez aussi qu'il faille du temps pour convaincre les personnes, éclairer les consciences, éduquer les intelligences et fortifier les volontés. Sans jamais renoncer au bien final à viser, vous accepterez de travailler et d'accompagner ceux qu'il reste à convaincre. Auprès d'eux, vous témoignerez peu à peu d'un autre regard possible sur le monde, sur la vie et sur le bien. La culture de vie, du vrai, du beau et du bien, se diffusera par vous, à travers vous, partout où vous êtes. Voilà pourquoi il faut que les chrétiens investissent tous les lieux de réflexion, de décision et de transmission. Même s'ils s'y sentent en « territoire hostile » ou s'ils s'y retrouvent bien minoritaires. Qu'importe : c'est là où se trouve un chrétien engagé que se diffuse peu à peu l'Évangile.

Une dernière remarque sur ce point : nous avons nous-mêmes souvent du mal à accepter d'avoir besoin de temps pour progresser ! C'est peut-être pour cela qu'il nous est difficile d'être patients dans nos engagements. Commençons par l'être avec nous-même, sans jamais diminuer pour autant notre désir de sainteté ! Celle-ci se fera bien plus dans la persévérance, de relèvement en relèvement, que dans l'obtention définitive d'une perfection morale. Toute notre vie, nous serons « en chemin ».

Retrouver une saine ambition !

Ambition. On a longtemps trouvé ce mot malsain et même grossier, surtout chez les catholiques. Une lecture misérabiliste de l'Évangile a ancré en nous ce scrupule à vouloir réussir, diriger, gagner. On n'y a vu que de l'orgueil qu'il fallait refouler sans pitié. Le résultat est dramatique : on a abandonné toute idée de former une « élite chrétienne » et de la préparer aux responsabilités. Nous, les clercs, n'avons pas toujours été à la hauteur sur ce point.

Le constat est le même pour l'Enseignement catholique. Sous prétexte de priorité – légitime – donnée aux pauvres, à ceux qui sont loin, aux « autres », on a souvent délaissé l'accompagnement des plus favorisés : « Après tout, ils n'ont pas besoin de nous ! Et ils seront toujours là… » Il y a eu même parfois une sorte de mépris de classe. Plutôt que de leur transmettre une ambition d'excellence et de service, on faisait culpabiliser ceux qui avaient beaucoup reçu ou qui réussissaient. Comme si prendre soin des uns – les plus faibles – interdisait d'accompagner les autres, plus doués ou plus privilégiés ! Comme si Jésus ne s'était pas occupé aussi bien des petits et des pauvres que des notables, comme Nicodème ou le centurion. Comme s'Il n'avait pas appelé à la même sainteté les uns et les autres. Comme s'Il ne demandait d'ailleurs pas plus à celui qui a beaucoup reçu : faudrait-il en plus le laisser à lui-même ? Tous ont besoin d'être encouragés, chacun selon ses dons et sa vocation. Sinon on prépare « une élite schizophrène » : catholique le dimanche (dans le meilleur des cas), mais païenne dans son travail et sa réussite vécus « à côté ». Brebis le dimanche, requin le lundi !

Il est aujourd'hui essentiel de préparer les décideurs chrétiens de demain, si nous voulons servir et améliorer ce monde. C'est l'idée qui a porté la création des universités d'été Acteurs d'Avenir[35]. Cela doit être une des missions de nos grands lycées et de nos prépas catholiques. Des générations en sortent les unes après les autres, promises aux plus brillantes carrières, sans qu'on ait toujours eu l'ambition de leur donner un cœur d'apôtre. Il ne faut pas vouloir simplement en faire des hommes et des femmes cultivés, solides et libres ! Il faut viser plus loin, plus haut. Il faut révéler à ces jeunes leur mission, les élever dans la conscience de cette mission et de ses enjeux pour le monde.

35. Universités d'été fondées en lien avec le diocèse de Versailles, ouvertes à des étudiants de toute la France. Pendant cinq jours, des décideurs chrétiens d'aujourd'hui viennent échanger et partager leur expérience avec des jeunes qui exerceront demain des responsabilités. Voir www.acteursdavenir.net

Tous ne comprendront pas. Tous ne seront pas au rendez-vous. Mais tous doivent l'entendre. Et les plus généreux, les plus ardents, les plus magnanimes seront alors heureux de se laisser former, de se préparer, de se savoir attendus. Cela leur donnera l'élan et le courage pour donner le meilleur d'eux-mêmes, pas seulement dans le domaine scolaire mais dans toute leur vie, y compris spirituelle. Oui, je crois qu'il est aujourd'hui essentiel de redonner à nos jeunes le sens d'une belle et noble ambition chrétienne. Il faut se réjouir de leur désir d'entreprendre, de réussir et de gagner, et le cultiver… au service d'un bien plus grand qu'eux ! Développons cette idée quelques instants.

Être envoyés dans le monde, c'est en effet accepter – si Dieu nous en a donné les capacités – de prendre des responsabilités. Pourquoi ? Un proverbe plein de bon sens dit : « Un escalier se balaie en commençant par le haut » ! En baptisant Clovis la nuit de Noël 496, et avec lui tous les officiers de l'armée franque, saint Remi l'avait très bien perçu. Si nous avons compris cet appel du Seigneur à améliorer ce monde, il nous faut alors résolument et sans complexe viser l'accession aux lieux de décisions, aux leviers du pouvoir, aux postes à responsabilité. Et cela, dans tous les domaines. Il ne s'agit pas de confisquer le pouvoir en faveur d'intérêts particuliers ou communautaristes, mais de servir plus efficacement encore le bien de tous. Un chrétien qui parvient aux responsabilités donne aux idées qu'il porte de pouvoir se diffuser et rayonner largement. Elles vont éclairer son action et toucher les cœurs de beaucoup. C'est vrai de tout chef : l'influence exercée sur ses subordonnés n'est jamais anodine, pour le meilleur ou pour le pire. Sachant cela, il serait criminel de ne pas ambitionner d'exercer les fonctions qui nous permettront de mettre en œuvre les intuitions que nous avons. Nous les croyons bonnes et justes pour notre société. Alors, n'en restons pas simplement aux idées ! Avoir le pouvoir sans les (bonnes) idées, c'est dramatique. Mais avoir les idées sans le pouvoir, ce n'est pas très utile.

Cela ne veut pas dire que tout le monde doit rêver de devenir président de la République. Mais il faut dès le plus jeune âge donner le goût des responsabilités. Par exemple, un chrétien conscient de sa mission se proposera naturellement pour être délégué de classe et plus tard dans le BDE de son école, s'il a reçu ce don du *leadership*. Exercer des fonctions de chef scout ou d'animateur de jeunes, créer une association pour répondre à tel besoin, monter un projet humanitaire, se présenter aux élections des syndicats étudiants, s'engager sur des listes aux municipales, prendre l'initiative d'une mobilisation au service de telle ou telle cause : tout cela est formateur et fait prendre conscience, dès le plus jeune âge, de l'impact déterminant qu'on peut avoir sur les autres ou sur le petit bout de société qui nous est confié. À travers les homélies de certains clercs, l'Église a trop souvent donné l'impression de brider ceux qui avaient le goût des responsabilités. Alors qu'il faudrait bien plus les encourager et les accompagner. Bien sûr que la primauté est donnée aux petits et aux faibles. Et il doit en être ainsi. Mais cela n'a jamais voulu dire qu'il fallait ignorer ou même se détourner de ceux qui ont beaucoup reçu. L'Église parle à tous et s'occupe de chacun. Celui qui a beaucoup reçu sait qu'il va devoir beaucoup donner. La prise de responsabilités va l'exposer. Ses fonctions exigeront de lui une exemplarité astreignante, car on reste pécheur même quand on a beaucoup de talents. Raison de plus pour suivre aussi ces futurs et actuels décideurs chrétiens et pour savoir les encourager.

Il faut retrouver le sens d'une saine ambition. Il faut retrouver le sens d'une ambition vraiment chrétienne. Je le dis à tous ceux et celles qui sentent dans leur cœur cet appel aux responsabilités, où que ce soit : la foi chrétienne ne vient pas brider votre ambition d'entreprendre, de gagner, de réussir, de diriger. La foi chrétienne vient vous aider à donner du sens à cette ambition, en la mettant au service de plus grand que vous.

Quand un étudiant ou un chrétien déjà engagé vient me voir afin que je l'aide à réfléchir aux nouvelles responsabilités qu'on lui propose ou qu'il veut prendre, je lui pose toujours cette question : au service de qui et de quoi veux-tu réussir ? Pourquoi désires-tu cette place ? Si c'est simplement par vanité, tu seras toujours insatisfait et cette ambition, rongée par l'orgueil, te détruira. Elle t'amènera à te vendre, à te renier très vite. Tu perdras tout ce que tu es pour obtenir ce que tu n'as pas. Mais si tu veux ce poste pour mieux servir, parce que tu sais que tu pourras y faire fructifier tes talents au service de tous, alors… fonce ! Si tu as le désir de faire grandir ceux qui te seront confiés, si tu as la volonté claire de mettre ton pouvoir au service du bien commun, si tu as soif de réussir en faisant réussir les autres, alors n'hésite pas ! Ne te dérobe pas ! Laisse les jaloux médire et les pleutres s'inquiéter. Fonce, gagne, entreprends, crée, invente, innove, engage-toi ! Donne le meilleur de toi-même ! Accepte ce poste qui t'est proposé ! Aie confiance en toi. Mais à une condition. Une seule : prends les moyens de te laisser accompagner.

Seul, l'orgueil peut vite prendre le dessus. On se brûle très vite aux feux des projecteurs. Le pouvoir – même modeste – isole et fait tourner la tête. Si ta vocation, tes talents, ton métier t'amènent à exercer des responsabilités réelles, choisis alors bien tes amis. Aie quelques amis véritables, deux ou trois, qui te connaissent par cœur, avec qui tu ne pourras ni simuler ni mentir. Demande-leur de veiller sur toi et d'être exigeants avec toi. Qu'ils osent prendre le risque de te déplaire, si cela est nécessaire, pour te rappeler cet esprit de service que tu voulais vivre.

Si tu es marié, ou si tu l'es un jour, prends soin de ton couple. Ce sera un autre lieu précieux de paix et de vérité. Ton épouse, ton époux partagera tes grands désirs et tes projets, tout en gardant une certaine distance pour t'aider à rester toi-même. La vie de famille est importante : elle sera pour toi un lieu de vérification de ta générosité, de ton désir de servir et d'aimer. Car avec les tiens, tu ne peux pas jouer un jeu ou faire semblant. La famille est le refuge et l'oasis, elle est aussi ton bien le plus précieux. Elle te portera, mais protège-la. Il n'y a rien de plus triste que de voir le piteux état des familles ou des couples de tant d'hommes et de femmes politiques, de tant de dirigeants. Entre des enfants qui n'ont guère vu leurs parents, et des conjoints qui n'ont guère eu de reconnaissance ou d'attention, l'addition est lourde à payer à la fin.

Que restera-t-il au soir de ta vie ? Que penser de ces chefs qui visent l'excellence dans leur travail, qui dirigent avec brio des dizaines de collaborateurs ou des centaines voire des milliers de salariés ou de subordonnés, mais qui sont incapables de parler à leur gosse de seize ans, pour l'encourager et partager ses aspirations ? Je sais bien que c'est paradoxalement plus difficile, parfois. Prends garde, ne deviens pas un père ou une mère admiré(e)… de loin ! Que ton ambition ne te rende pas inaccessible à ceux que tu aimes. Ce sera, là encore, un critère de vérification. Ta première ambition doit rester de devenir saint. La deuxième, d'être un bon époux ou une bonne épouse, un bon père ou une bonne mère, si tu es engagé(e). Que tous les autres projets formidables que tu poursuis ne te fassent jamais oublier cela.

Enfin, toujours pour être bien accompagné dans cette ambition, trouve-toi un prêtre, un père spirituel qui pourra te connaître en vérité, et t'aider précisément à rester vrai. De lui, tu accepteras d'entendre toutes les questions. À lui, tu pourras dire tes doutes, tes faiblesses, tes difficultés ou tes cas de conscience. Tout cela, le pouvoir et les responsabilités ne te permettront plus de le partager facilement. Le chef est seul, très seul. Tu dois avoir ce père, bienveillant et exigeant à la fois, qui ne s'étonnera jamais de rien et pourra tout entendre. Il t'aidera à rester droit sur cette ligne de crête et à renouveler sans cesse ton désir de servir à travers tes fonctions. Il saura te relever et t'encourager aux heures difficiles. Il pourra accueillir tes confidences, parfois si lourdes. Il sera le témoin à tes côtés de la présence de l'Ami véritable, le Christ, modèle de tous les premiers de cordée. C'est de Lui qu'il faudra surtout rester proche. Saint Pierre a cru pouvoir être chef sans se mettre à son école, en comptant seulement sur ses propres forces. Il a chuté lourdement. Avant de lui redonner sa place de chef et de gardien de ses frères, Jésus ne lui posera qu'une seule question, répétée trois fois : « Pierre, m'aimes-tu *vraiment*[36] ? » Entends cette même question pour toi, avec ton prénom. C'est la seule question que Jésus te pose, avant de bénir ton ambition.

---

36. Jean 21,15.

Sur cette question de l'ambition, un autre passage de l'Évangile est éclairant. Sur la route qui les mène à Jérusalem, Jacques et Jean s'approchent de Jésus tout en marchant. Ils veulent lui demander les premières places au Ciel ! L'ambition n'était pas absente du cœur des apôtres… Jésus vient d'annoncer sa mort prochaine sur la croix et eux se répartissent déjà les portefeuilles ministériels ! On aurait pu imaginer que Jésus les reprenne durement. Sa réaction va être plus complexe. Rassemblant les apôtres, il leur dit :

> « Celui qui veut devenir grand parmi vous sera votre serviteur. Celui qui veut être parmi vous le premier sera l'esclave de tous : car le Fils de l'homme n'est pas venu pour être servi, mais pour servir, et donner sa vie en rançon pour la multitude[37]. »

Vous remarquez que Jésus ne dit pas : « Il ne faut pas vouloir être le premier. » Sa réponse sous-entend au contraire qu'on peut désirer prendre cette place de chef. Il ne casse pas ce qui peut y avoir de bon dans cette ambition, mais il oriente celle-ci : tu seras chef en servant, et pour servir. Tu seras le premier si c'est pour te faire serviteur de tous. Le cœur d'un chef, c'est celui d'un

37. Marc 10, 43-45.

serviteur. Plutôt que de nourrir une quelconque jalousie envers ceux qui accèdent à de hautes responsabilités, ceux qui « réussissent », prions pour eux ! Afin qu'ils restent « *serviteurs et gardiens de leurs frères* », comme le dit la belle prière des chefs scouts. Cela est d'ailleurs vrai quel que soit le niveau des responsabilités. Servir ou se servir : nous sommes confrontés à ce choix dès l'exercice des premières responsabilités, que ce soit comme délégué de classe, chef de patrouille, capitaine de l'équipe de rugby ou de foot et, quelques années après, dès les premiers échelons que nous pourrons grimper dans la hiérarchie de l'entreprise, de l'armée ou de l'administration.

Une autre façon de comprendre la prise de responsabilités comme un service est de se rappeler que parmi ces responsabilités, il y aura celle de choisir les chefs de demain. Le chef d'aujourd'hui est forcément au sens large et noble un éducateur : la croissance, la compétence, l'avancement de ses subordonnés lui sont confiés. Dans notre société en crise profonde, être en situation de faire émerger les responsables de demain me semble primordial. Cela doit être une priorité, en particulier pour les chrétiens en situation de responsabilités aujourd'hui. Repérer, choisir, préparer et former les chefs de demain, sur lesquels notre pays pourra s'appuyer, est une tâche que nous ne pouvons laisser seulement aux autres ! C'est aussi une façon de ne pas être premier pour soi-même, mais bien pour faire grandir ceux qui nous sont confiés.

L'ambition chrétienne ne peut ainsi qu'être collective, elle ne sera jamais solitaire. Grandir pour faire grandir, réussir en faisant réussir, diriger pour mieux servir, entreprendre et s'engager pour une cause plus grande que soi, pour les autres et pour l'Autre. Voilà l'ambition d'un chrétien dans le monde. À cette condition-là, elle n'est pas une faute. Elle devient même un devoir.

Je crois que ce qu'on vient de dire peut aussi éclairer la façon d'utiliser notre argent. Là encore, chez les catholiques, le sujet est sensible et les malentendus nombreux ! Soyons donc clairs. Gagner de l'argent, et même gagner – honnêtement – beaucoup d'argent, n'est pas un problème. La vraie question, c'est ce qu'on en fait. Ce que fustige Jésus, c'est « l'argent qui rouille », qu'on « amasse »[38].

Le « riche » que Jésus met en garde, c'est celui qui met sa sécurité dans son argent ou qui aime celui-ci au point de n'en avoir jamais assez. Ce riche-là oublie qu'il lui sera demandé des comptes sur ce qu'il a fait de son trésor. L'argent est devenu pour lui un maître et non plus un serviteur. Il faut au contraire que ceux qui gagnent beaucoup ou qui en ont beaucoup reçu par leur famille, fassent preuve d'une vraie et belle ambition dans la façon de s'en servir. Il faut dépenser de façon « engagée » ! C'est-à-dire en mettant cet argent non pas simplement

38. Par exemple, Matthieu 6, 19.

au service d'un confort personnel mais de causes plus grandes que soi.

Quelles sont ces causes ? Beaucoup de catholiques sont déjà (très) généreux. Il paraît à ceux-là assez naturel de donner aux œuvres de charité, et c'est effectivement essentiel. Que deviendraient toutes nos associations – et les pauvres dont elles s'occupent – sans eux ? Beaucoup donnent aussi à l'Église, à travers le denier par exemple, ou en soutenant différents projets. Heureusement que nous pouvons compter sur eux pour assurer notre mission ! C'est ce que disait le pape François en accueillant le nouveau directeur de la banque du Vatican : « Je n'aime pas l'argent, mais j'en ai besoin, pour aider les pauvres et pour la propagation de la foi[39] ! » À travers des fondations, d'autres soutiennent de grandes causes comme l'éducation, l'aide au développement, la préservation du patrimoine, la recherche sur telle ou telle maladie, d'autres encore investissent et donnent leur chance à des entrepreneurs qui créent des emplois. Tout cela est magnifique et Dieu saura bénir leur générosité. Mais… je crois qu'on peut faire encore plus, sans abandonner tout cela !

Il faut selon moi cultiver l'ambition de changer le monde. L'argent est pour cela un véritable levier. J'aimerais que les catholiques fortunés aient à cœur de savoir aussi

39. Jean-Baptiste de Franssu, interview du 10 juillet 2014 sur Europe1.

investir dans tous les moyens d'influer sur ce monde : *think tanks*, mobilisations populaires, campagnes de presse, œuvres de formation, réseaux, médias, lobbying, politique culturelle, etc. Il faut qu'ils puissent investir et faire travailler les meilleurs sur les causes que nous voulons faire avancer, avec de véritables stratégies d'influence. Faute de moyens, nous en restons toujours à un certain amateurisme. C'est rageant de voir que nous pouvons être freinés dans notre combat parce que certains se montrent encore frileux à le soutenir financièrement.

On pourrait s'inspirer de l'exemple des États-Unis. Là-bas, c'est par millions que les grands patrons ou les grandes fortunes familiales s'engagent et soutiennent les causes politiques, sociétales, religieuses qu'ils veulent voir gagner. En France, certains ne s'y trompent pas, pour des causes que je ne ferais pas toujours miennes pour autant ! Le banquier Matthieu Pigasse[40] s'explique ainsi sur ses rachats de médias :

> « Je veux pouvoir utiliser l'argent et investir dans ce en quoi je crois. Je fais une différence entre la politique et le politique. Même si je pense que la politique traditionnelle est morte, et que c'est un drame, en revanche je crois fondamentalement au politique, au sens grec de "la vie de la cité".

40. Matthieu Pigasse, interview parue dans *GQ* de décembre 2015.

> Il faut réinventer d'autres voies. Développer des contre-pouvoirs pour essayer de faire pression contre ce système défaillant. *Via* la culture par exemple, ou les médias. Je pense qu'il y a urgence. »

Il précise le rôle qu'il assigne aux *Inrocks* : « C'est un média au sens large qui veut changer les choses, taper dans le système, réveiller les consciences. » C'est une véritable stratégie d'influence qu'il met en œuvre, grâce à sa fortune. On a vu aussi l'influence d'un Pierre Bergé et la façon dont il a pu mettre son argent au service d'une cause qui lui tenait à cœur. On peut être opposé à ses idées, mais on doit reconnaître qu'il a su mettre sa fortune au service de celles-ci avec une certaine réussite.

Bref, c'est bien de restaurer de vieilles églises ou de soutenir des musées. Il faut continuer. Mais il est, à mon humble avis, encore plus urgent aujourd'hui de soutenir efficacement l'œuvre de reconstruction de notre société, son redressement moral, politique et spirituel. L'argent reste le nerf de la guerre. Ceux qui s'exposent pour cette reconstruction, ceux qui sont chargés de trouver les stratégies gagnantes et de les mettre en œuvre, ceux qui ont des idées, doivent pouvoir réellement compter sur le soutien massif de ceux qui le peuvent. Bienheureux les donateurs qui avec leur argent savent encourager et donner une chance à des projets qui ont du sens. Bienheureux ceux qui savent faire confiance et permettre à une bonne idée de devenir réalité ! Je sais combien un mécène qui s'implique vraiment peut donner confiance : il croit en vous, en votre projet, il lui permet d'exister. Je rends grâce pour ceux que j'ai croisés, qui ont su par exemple comprendre ce projet d'université d'été et lui permettre de se lancer. En s'impliquant, ils ont aussi donné du sens à leur réussite.

Ces métiers d'argent qu'on aime parfois critiquer chez les catholiques, ces héritages qu'on aime jalouser en France, ces salaires qu'on trouve toujours trop importants quand ce ne sont pas les nôtres... peuvent servir au bien en contribuant à mener nos idées au pouvoir. Réussir pour faire réussir. Entreprendre pour aider demain ceux qui osent. Rendre possible l'impossible. Voilà comment l'ambition de changer ce monde peut vous garder une âme de serviteur et un cœur large et libre, quel que soit votre compte en banque !

Le devoir de compétence

Une autre obligation découle de cet envoi en mission dans le monde : le devoir de compétence. Si nous comprenons la grandeur de notre mission, et la confiance que nous fait le Seigneur, comment pourrions-nous faire les choses à moitié ? Notre première crédibilité aux yeux du monde viendra de notre compétence. Avoir de belles idées, un bel idéal, c'est bien. Mais être paresseux ou mauvais dans son boulot pour les porter, ça ruine tout. Le décalage entre les deux – le discours et les actes – est catastrophique. Cela est valable pour tous les âges et tous les métiers. S'il veut que son témoignage porte, le chrétien doit d'abord obtenir la considération de ses pairs par sa compétence.

Prenons l'exemple d'un chrétien qui exercerait le métier d'enseignant. Son premier devoir est d'être non pas un enseignant qui s'affiche catho, mais un excellent enseignant ! Qu'il soit d'abord reconnu par ses élèves et leurs parents, mais aussi par ses collègues, comme un très bon professionnel, excellent dans son métier, attentif aux personnes, donnant aux élèves l'envie d'apprendre, etc. Un tel enseignant suscitera le respect et l'admiration, voire même la reconnaissance de ses élèves. Tout cela donnera alors du crédit à son témoignage de foi et/ou aux convictions et valeurs qu'il transmettra en filigrane à travers ses discussions avec les élèves, son attitude personnelle, sa façon d'enseigner. On sait bien au fond ce que pensent nos professeurs ! Leur compétence donne du poids à leurs convictions. S'ils ne sont pas à la hauteur, ces mêmes convictions en sont ridiculisées.

Je pense à un professeur de philosophie que je connais, qui enseigne toujours en classes préparatoires. Face à des élèves qui délaissent pour beaucoup la foi de leur enfance, et d'autres qui la dénigrent, il est d'abord un excellent professeur, qui captive ses étudiants, génération après génération. Sa réputation le précède, on espère même être dans sa classe. Ce professeur est profondément catholique, ne s'en cache pas et cela imprègne son discours. Même ceux qui seraient les plus méfiants à l'égard de ses valeurs l'écoutent et respectent son engagement, car il est crédible à leurs yeux. Son influence est très grande sur les générations d'élèves qui profitent de ses cours. S'il lit ces lignes, qu'il en soit ici remercié !

On pourrait dire la même chose du médecin : s'il n'est pas d'abord compétent et reconnu pour cela, comment pourrait-il imaginer exercer une influence positive sur les questions d'éthique dans son service ou vis-à-vis de ses patients ? En entreprise, celui qu'on va admirer pour sa compétence et son attitude profondément humaine au travail, sera écouté et ce qu'il est, ce qu'il porte, pourra rayonner. On pourrait multiplier les exemples.

Tout cela est aussi vrai pour les plus jeunes, lycéens ou étudiants. Il y a parfois – y compris dans certains milieux catholiques – une sorte de tolérance pour la paresse. Elle est même parfois considérée comme sympathique, tandis que se manifeste un certain mépris pour ceux qui visent les premières places du classement. Certes, nous n'avons pas tous les capacités pour être premier de la classe ! Mais nous pouvons tous faire « de notre mieux ». La paresse est une faute grave pour le chrétien, car c'est une faute contre la charité. Le chrétien sait en effet que s'il étudie aujourd'hui, c'est pour être compétent demain et capable de servir ses frères le mieux possible. Négliger ses études, en faire le moins possible, sous prétexte que cela ne concerne que soi-même, montre qu'on n'a pas compris sa mission de chrétien dans le monde. C'est tout aussi vrai pour nos études profanes que pour notre formation spirituelle et doctrinale. On se contente d'ailleurs trop souvent dans ce dernier domaine de vieux souvenirs de catéchisme ! Le monde a pourtant besoin que nous sachions rendre compte de façon convaincante et construite de notre espérance.

Les lycéens et les étudiants me diront que ce qu'ils apprennent au lycée, à la fac ou en école ne leur servira pas par la suite. Peut-être. Mais c'est un état d'esprit. Nous devons cultiver cette exigence d'excellence en toute occasion. Nous le devons à ceux qui ont moins reçu ou qui ne peuvent suivre des études. Nous le devons à ceux qui nous ont donné la chance de pouvoir étudier, que ce soient nos parents ou notre pays . Nous le devons à ceux qui nous seront confiés plus tard. Qu'importe les résultats : Dieu ne nous donne pas une obligation de résultat, il nous donne une obligation de moyens. As-tu fait de ton mieux ? Si oui, tu as accompli ta mission. C'est dès le plus jeune âge, sans attendre d'éprouver et d'être convaincu de l'intérêt concret de telle ou telle matière, qu'il faut cultiver ce devoir de compétence.

Pour cela, il faut redonner à nos études leur perspective de service. Étudier, c'est déjà servir, car c'est nous rendre capables de servir efficacement ceux qui nous seront confiés plus tard. Il faut aussi apprendre à tenir l'effort sur la durée, à travailler malgré l'absence de désir ou d'intérêt immédiat, à faire de notre mieux dans le quotidien, à cultiver le goût du travail bien fait en en comprenant la valeur spirituelle. Tout cela sera utile pour la suite.

Soyons clairs : aux yeux de Dieu, un premier de classe et un dernier de classe sont tout aussi admirables, s'ils peuvent dire l'un et l'autre : je fais de mon mieux, je me donne vraiment dans ce que je fais. La paresse peut tout aussi bien atteindre celui qui a des facilités et qui va s'habituer à faire peu, le minimum « pour que ça passe », que celui qui se décourage facilement face à ses difficultés. Au fond, voilà ce qui mine beaucoup d'entre nous : la tiédeur, la culture du « minimum » ! On voit les choses en petit, on se contente de peu, on manque d'enthousiasme… Ce goût du « minimum » rejaillit bien vite sur l'ensemble de notre vie et décourage nos grands désirs. On se contente alors de « petites » histoires amoureuses, de « petits » amis, de « petits » plans pour les vacances, de « petites » joies, de « petits » services, de « petites » prières…

La langue française a même un mot pour cela, plus très utilisé il est vrai : la pusillanimité. Être pusillanime, c'est littéralement avoir « une petite âme ». Notre cœur a pourtant soif de ce qui est grand ! Il aspire à être magnanime ! Et on peut faire les petites choses du quotidien avec un cœur grand ! Je vous en supplie : n'ayons pas un cœur étriqué, n'ayons pas un cœur adepte du minimum, qui calcule ses efforts et compte ce qu'il donne, n'ayons pas un cœur tiède ou blasé ! Tout cela ruine notre capacité à changer ce monde ! Une âme grande, un cœur grand : voilà une grâce à demander chaque jour et à cultiver.

C'est peut-être pour cela qu'il faut redonner au devoir d'état toute sa valeur. Il existe en effet un autre bon moyen de vérifier la profondeur de notre idéal. C'est la fidélité du quotidien. Apprendre à tenir dans cette fidélité au devoir d'état, c'est-à-dire à ce que Dieu attend de nous dans l'heure qui vient, selon notre état de vie et nos fonctions, est l'un des enjeux essentiels de l'éducation.

Il faut comprendre la valeur de cette obéissance humble et quotidienne à la volonté du Seigneur, qui peut véritablement rendre l'ordinaire extraordinaire, par le cœur et l'application qu'on y met. Faire ses devoirs de classe avant de finir de regarder le film en cours sur notre ordinateur, rendre un service demandé à la maison de son mieux, s'appliquer à telle tâche professionnelle pourtant rébarbative, bien prier quand on doit prier, savoir se reposer ou se détendre quand c'est le moment de le faire, etc. Tout cela a de la valeur aux yeux de Dieu et doit être accompli avec exigence et compétence.

Plus on s'y exerce, plus cela nous forme et inscrit en nous l'amour du travail bien fait, de la mission accomplie.

C'est un moyen de sanctification efficace et objectif, qui évite l'écueil d'un idéal désincarné. Cela évite aussi de nous engager à fond dans des activités plaisantes, au détriment de notre devoir d'état qui doit toujours primer. Car on peut se faire illusion. L'étudiant qui fiche en l'air ses études sous prétexte d'avoir réalisé une super mission humanitaire à l'étranger n'a pas rempli son devoir d'état.

C'est aussi une tentation *sub specie boni* « sous apparence de bien » : un engagement positif me donne en fait l'occasion de fuir mon devoir ordinaire. C'est pourtant là que Dieu m'attend. Si je peux faire les deux, tant mieux ! Même la vie spirituelle peut parfois être une fuite : le père ou la mère de famille qui regrette de ne pas prier comme un moine ou une moniale, ou qui court les groupes de prière ou les engagements paroissiaux au détriment de sa présence auprès de ses enfants ou de son conjoint, n'a pas compris qu'il ou elle fait d'abord la joie de Dieu auprès des siens, dans l'ordinaire et le quotidien d'une vie de famille, de couple, de travail.

On a bien sûr besoin de nourrir notre fidélité en trouvant des occasions de nous ressourcer et on doit aussi pouvoir vivre des engagements extérieurs. Ce n'est pas moi qui vais le nier ! Mais que tout cela reste ordonné. C'est aussi une question de crédibilité pour notre témoignage.

Enfin, le devoir de compétence nous invite à faire un effort de professionnalisme dans les moyens que nous mettons en œuvre pour témoigner de notre foi ou pour vivre nos engagements. Là encore, c'est une question de crédibilité. Il ne suffit pas d'avoir raison. Il faut aussi savoir le dire. Si le manque de compétence ruine notre capacité à transmettre notre message, cela ne sert à rien. Plusieurs exemples très concrets me viennent à l'esprit.

Quand allons-nous par exemple reconnaître humblement la médiocrité de tant de prédications du dimanche et tenter d'y remédier? Certains prêtres ou évêques semblent penser qu'il suffit de prêcher la vérité pour qu'elle s'impose d'elle-même. Sauf que si l'assemblée s'est endormie ou a décroché au bout de trois minutes, faute d'une forme soignée et efficace, il n'y aura que les anges et les murs de l'église pour profiter du fond! Ne jetez pas tout de suite la pierre à vos pasteurs: ils font souvent ce qu'ils peuvent, avec le peu de formation qu'ils ont reçue. Là est d'ailleurs le vrai problème. Nous sommes par excellence une religion de la parole. Et nous ne sommes pas formés à la prise de parole! Une de mes cousines me disait qu'à l'École de la magistrature étaient proposés des cours de théâtre pour apprendre l'art oratoire. Quand on traite de la culpabilité d'un homme lors d'un procès, il serait effectivement scandaleux que l'incapacité d'un juge à s'exprimer à l'oral puisse nuire au discernement des jurés! Que penseriez-vous d'un avocat qui doit vous défendre et qui lasserait tout le monde, malgré les éléments probants qu'il doit transmettre?

Nous qui avons un message de Salut à porter au monde, nous avons encore plus un devoir de compétence pour savoir l'expliquer, le partager et en convaincre nos contemporains. Au séminaire, ma formation a consisté en tout et pour tout à visionner des vidéos de confrères enregistrés en train de prêcher. Personne n'osait bien sûr livrer le fond de sa pensée à l'issue du visionnage, soporifique deux fois sur trois ! Certes, on a plus ou moins le don naturel de la parole. Mais il y a une technique à apprendre, un « art oratoire » à exercer, pour que chacun puisse assurer au moins le minimum vital d'un discours construit, prononcé d'une voix claire et articulée, sans dépasser le temps requis. Quel dommage quand la forme ne permet pas d'accéder au fond !

Parler en public, partout ailleurs, cela s'apprend. Et dans l'Église, nous en serions dispensés ? Au nom de quoi ? « La grâce ne supprime pas la nature, mais elle la suppose et la perfectionne » avons-nous appris de saint Thomas d'Aquin[41]. Le spiritualisme qui consiste à se croire dispensé de travailler nos compétences humaines, en ne comptant que sur la prière « pour que ça passe » est une erreur tragique. Si je ne travaille pas, si je n'accepte pas d'apprendre, je ne suis pas bon. Point. J'empêche le Seigneur de se servir de moi comme ou autant qu'Il le voudrait. Tout miser sur ses capacités humaines sans

41. Saint THOMAS D'AQUIN, *Somme Théologique,* I, 1, 8 ad 2, etc.

compter sur Dieu est certes une erreur et un manque de foi. Mais tout miser sur sa foi, en négligeant le réel ou en méprisant l'humble apprentissage de la technique ou de l'art que je dois exercer, est une erreur toute aussi grave ! Cela vaut pour la prise de parole, mais aussi la recherche de fonds, l'organisation d'événements, la communication au sens large, le management de nos ressources humaines, etc.

Certains hurleront en lisant ces lignes : « On n'est pas des marchands de soupe ! », « Tout cela, c'est de la com' », etc. Non, je le maintiens : c'est une question de charité. Dans un monde idéal, on devrait pouvoir se contenter de donner du fond. Mais dans un monde de l'image, dans un monde qui décroche au bout de deux minutes s'il n'est pas convaincu par la forme, dans un monde où l'on a pris l'habitude de trouver sur Internet, au bout de trois lignes, l'information qu'on cherche, plus personne n'est capable de faire un véritable effort pour entrer dans la pensée d'un prédicateur. Soit on est accroché dès le départ, soit on décroche et on zappe.

On peut le regretter, mais c'est ainsi. On peut râler sur l'exigence des paroissiens, ou sur le côté « consommateurs paresseux » de certains. Mais nous sommes envoyés dans ce monde, tel qu'il est. Et le monde d'aujourd'hui réclame que la forme soit à la hauteur du fond. À nous de travailler les deux, en faisant en sorte que la forme soit au service du fond.

Ce que je dis des homélies vaut aussi pour notre façon de communiquer au sens large. Je le répète souvent aux étudiants : si l'affiche qui annonce le week-end d'aumônerie n'est pas aussi bien faite que celle qui annonce le week-end de voile, ne vous plaignez pas du peu d'inscrits ! Pourquoi sous prétexte du « Nous, on propose du fond », on serait dispensé d'être pro dans la forme ? Au contraire, le décalage entre les deux est indéfendable. Cela vaut aussi pour les sites Internet de nos paroisses et de nos diocèses, pour les bulletins paroissiaux, pour les flyers...

Chez les cathos, la bonne volonté semble suffire et dispenser de la compétence. Il n'y a rien de plus faux ! Ce genre de raisonnement est souvent un paravent pour cacher notre paresse et notre refus de nous remettre en cause. Nous sommes en train de nous en rendre compte, et de multiples initiatives dans les communautés et les diocèses (campagnes du denier, communication pour les JMJ ou pour les vocations par exemple, mais aussi applications diverses et variées pour nos smartphones...) prouvent qu'on peut vraiment faire du beau et de l'efficace, quand on en prend le temps et les moyens. De plus en plus, nous avons recours à de vrais professionnels pour nous aider : graphistes, agences de com, *webdesigners*. Le travail est immense. Y compris pour transmettre le message de l'Évangile aux « périphéries existentielles » dont parle le pape François. Il va falloir travailler à le rendre accessible, *via* les grands médias, *via* les réseaux sociaux, *via* tous les moyens de communication qui nous permettent de rejoindre le monde.

On peut se plaindre de tout ce que ces réseaux sociaux véhiculent de mauvais. On peut se plaindre de la pauvreté de fond des grands médias. On peut râler sur ce qui se répand sur Internet. On peut râler… On passe notre temps à râler ! Investissons plutôt ce temps à apprendre et à nous former, à inventer et à entreprendre, pour mettre les nouvelles technologies au service du message extraordinaire que nous avons à partager. S'occuper des périphéries passe aussi par là. Et cela exige notre compétence, pour faire le poids et même prendre le dessus sur tout ce qui entre en concurrence avec notre message. Rien ne nous dispense de l'effort de compétence, même dans l'Église et surtout dans l'Église.

DES LIEUX D'ENGAGEMENT À RÉINVESTIR

Je voudrais terminer cet ouvrage en évoquant quelques lieux d'engagement parmi d'autres. On peut bien sûr vivre toute profession de façon engagée. Toute vie peut être mise au service de plus grand que soi. Toute vocation est appelée à être un témoignage pour le monde. Il me semble cependant intéressant d'encourager les catholiques à ne pas déserter ou à retrouver certains lieux d'engagement, qu'ils ont peut-être un peu délaissés.

C'est pour cela que je ne m'arrête pas ici sur l'entreprise par exemple. Elle n'a pas été délaissée par les catholiques ! Beaucoup ont redécouvert le trésor de la doctrine sociale de l'Église, et travaillé la façon dont le christianisme peut éclairer la vie en entreprise. Les initiatives et les ouvrages sont nombreux pour approfondir ce thème. Le choix de l'entreprise reste un choix naturel pour beaucoup de jeunes catholiques à la sortie de leurs études. Encore une fois, ils peuvent et doivent vivre ce choix comme une mission, engagés au service d'une cause plus grande.

Laissez-moi simplement redire ici mon admiration pour ceux qui prennent des risques pour créer leur boîte, ou pour reprendre des entreprises qui ne marchaient pas bien. Créer des emplois ou en sauver, contribuer à faire reculer le chômage, offrir ainsi une espérance à des familles qui sortent de l'angoisse du lendemain, ou même de la précarité, est une véritable façon, là encore, de servir le bien commun. Il suffit d'avoir vu son père au chômage ne serait-ce qu'une seule fois pour savoir que créer de l'emploi est une des plus belles façons de servir l'homme, en lui redonnant toute sa dignité.

De même, je rends hommage à tous ces dirigeants, cadres ou syndicalistes qui ont à cœur de remettre l'humain au cœur de l'économie et de l'entreprise. Je rends grâce pour ces hommes et ces femmes dont le souci premier reste de permettre à chaque salarié de s'accomplir et de grandir à travers son travail, en l'aidant à y trouver un sens et de la valeur. L'entreprise reste ainsi un lieu de service, dans le sens le plus noble du terme, et donc d'engagement.

Je ne m'arrête pas non plus sur ces métiers qui portent déjà visiblement en eux-mêmes une dimension très forte d'engagement. Pensons aux professions de santé, ou à l'armée. C'est bien souvent par vocation qu'on s'y engage, poursuivant un désir ancré depuis longtemps. Là encore, les catholiques y sont nombreux... peut-être parce que les notions de service, de don de soi, de sacrifice que portent ces métiers sont des notions qui nous parlent particulièrement. Ce sont des lieux d'engagement – au service des autres et de son pays – qui sont prisés des catholiques, de même que les engagements professionnels ou bénévoles dans le caritatif.

Revenons à ces lieux qui me semblent pour le coup davantage délaissés par les catholiques.

L'enseignement

Il est de bon ton de soupirer sur l'échec de l'enseignement public et les faiblesses de l'enseignement catholique. Pour le premier, certains parlent même de faillite. Il est vrai qu'en beaucoup d'endroits, les faits semblent leur donner raison. Il ne faudrait pas pour autant en rester à rechercher des solutions techniques, comme le font les gouvernements successifs, de droite ou de gauche. La vraie question que pose l'état de notre système éducatif me semble avant tout idéologique. Qu'avons-nous voulu faire de nos écoles, collèges et lycées ? Que voulons-nous transmettre ou, plutôt, pourquoi avons-nous cessé de transmettre cette culture commune, cet enseignement et cette instruction qui donnaient à chacun une chance de réussir ? Comme beaucoup, j'ai dévoré le livre de François-Xavier Bellamy, *Les déshérités, ou l'urgence de transmettre*[42], qui détaille avec une grande clarté les causes de ce désastre.

Quant à l'enseignement catholique sous contrat, le reproche qui lui est fait depuis longtemps est bien connu. Il porte sur son identité même et sur sa vocation.

Dans bien des endroits en effet, on met ses enfants dans l'enseignement catholique en raison de la qualité de l'enseignement, du suivi des élèves, du niveau scolaire, de l'environnement social mais en aucun cas pour l'aspect « catholique » ! Pour beaucoup, il s'agit surtout d'un lycée ou d'un collège privé, bien plus que catholique. Le pire est que ces motivations légitimes mais insuffisantes de beaucoup de parents ont semblé suffire. Ainsi, dans nombre d'établissements, l'enseignement de la foi catholique est facultatif, les propositions pastorales aussi. Un élève peut passer quatre ans dans son collège sans voir une fois l'aumônier. L'évangélisation explicite n'est pas forcément au cœur des préoccupations, ni des choix éducatifs. Et quand on demande pourquoi, on se voit répondre que c'est à la façon d'accompagner les élèves et de les accueillir comme ils sont, qu'on reconnaît l'identité chrétienne d'un lycée. Certes, et c'est essentiel. Mais si on n'affirme pas la foi qui fonde notre comportement, on ne témoigne de rien auprès d'un monde qui ne sait plus rien.

42. François-Xavier Bellamy, *Les déshérités ou l'urgence de transmettre*, éditions Plon, 2014.

On en arrive parfois à des situations ubuesques, comme celle que j'ai vécue dans mon propre lycée catholique lorsque j'étais en terminale. Nous avions dû réclamer, avec un petit groupe, qu'on mette des croix dans les classes, et le directeur de l'époque nous avait répondu que cela allait choquer les élèves qui n'étaient pas catholiques ! Finalement, après de nombreuses polémiques, des croix nues, sans le corps supplicié de Jésus (« pour ne pas choquer par cette image de souffrance ») avaient été accrochées. Que pensent des élèves catholiques qui essayent courageusement de témoigner de leur foi auprès de leurs camarades quand c'est leur propre direction qui a ce genre de discours ? Et je ne parle pas de ces familles catholiques engagées qui restent – elles – sur la liste d'attente de ces établissements, alors qu'on prend des élèves qui manifestement n'en ont rien à faire et ne mettront pas les pieds à l'aumônerie de toute leur scolarité ! Quand certains établissements catholiques semblent privilégier les élèves « consommateurs » aux élèves « demandeurs », on est en droit de se demander s'ils sont fidèles à leur rôle premier. Les exemples abondent...

Il serait pourtant injuste d'en rester aux seules critiques, même légitimes. D'abord parce qu'il convient de rendre hommage aux enseignants, du public comme du privé, qui font leur métier avec une haute idée de leur vocation, dans des conditions souvent difficiles. Je garde une profonde admiration pour ces « maîtres » et, encore aujourd'hui, je me souviens de ceux qui m'ont aidé à grandir. Ils étaient souvent sévères, exigeants mais justes. On se souvient toujours de ceux-là ! Ils ont été stimulants. Je sais aussi, pour avoir une sœur qui est principale adjointe d'un collège dans des zones difficiles après y avoir été professeur d'histoire, quelle énergie – j'oserais dire quelle foi – il faut avoir pour ne pas se décourager, pour donner à chacun une chance de réussir, pour suivre et accompagner des jeunes que rien, autour d'eux, ne porte au travail et à l'étude. On demande trop souvent à l'école de suppléer à tout le reste : familles fragiles, situations sociales dramatiques, chômage, pauvreté, etc.

Je veux également rendre hommage aux équipes de direction de l'enseignement catholique qui sont conscientes de leur vocation et vivent leur mission comme un vrai sacerdoce. Heureusement, elles sont nombreuses et sans doute de plus en plus. J'en ai connu plusieurs comme aumônier d'établissement ou comme conférencier, et je vois le bien que peut faire une bonne équipe de direction, lorsqu'elle place la dimension catholique au cœur même de sa mission. Il leur faut souvent du courage pour rappeler aux parents et à la communauté des enseignants ce caractère propre, l'identité catholique de leur établissement, et ce que cela implique. Je suis heureux quand les parents s'engagent dans la vie du lycée de leurs enfants. Il leur faut soutenir enseignants et direction dans les choix exigeants qui incarneront cette identité catholique de l'établissement.

Je voudrais aussi évoquer le courage des parents qui – souvent au prix de sacrifices financiers considérables – ont créé leur petite école familiale. On les a souvent dénigrés, on les suspecte encore parfois. Il est temps de reconnaître les efforts de chacun, le bienfait d'une vraie diversité dans l'offre, qui s'adapte aux besoins de chaque élève, et la saine émulation que cela engendre.

Il ne serait pas non plus juste d'en rester aux critiques, car nous avons nous aussi une responsabilité dans la situation actuelle. Pourquoi ? Parce que les catholiques convaincus ont trop souvent déserté ces lieux d'engagement que sont l'éducation et l'enseignement. On a souvent critiqué la couleur politique du corps enseignant ou l'idéologie dominante qu'on y trouve. Mais comment peut-on reprocher cela à nos « adversaires » ? Ils ont su percevoir que l'enseignement était le lieu idéal de diffusion de leur idéologie. Et ils l'ont investi massivement. Nous retrouvons cette influence jusqu'au sommet, dans l'élaboration des programmes scolaires. Imaginez l'impact sur des générations entières ! Ils ont compris depuis bien longtemps ce que nous avons oublié. On trouve même dans l'enseignement catholique des professeurs réticents, voire opposés à l'Église, et prompts à la dénigrer sans cesse. Où sont les catholiques convaincus ?

La vérité, c'est que dans nombre de nos familles le métier d'enseignant n'a pas une belle image. Il a été dévalorisé aux yeux de beaucoup et cela est grave. Former des intelligences, éduquer des consciences, transmettre un savoir à des milliers d'élèves dans sa vie n'est pourtant pas anodin ! C'est même une responsabilité immense ! Le pire est que nous avons souvent déserté ce lieu d'engagement pour une mauvaise raison : c'est un métier « qui ne paye pas beaucoup ». Voilà le drame d'un monde catholique embourgeoisé : dans les critères du choix d'un métier, l'intérêt financier prime l'influence que ce métier pourrait nous donner sur le monde. Là encore, la seule ambition reste hélas de préserver avant tout un niveau de vie, au cœur d'un monde qui s'écroule. Nous sommes tous fautifs de cela.

J'admire ceux qui gardent la liberté intérieure de choisir un métier qui les passionne, auquel ils se sentent appelés, avec le désir de servir et au prix d'un renoncement au confort matériel qu'ils ont pu connaître grâce à leurs parents. Mais combien de jeunes de trente ans découvrent au contraire qu'ils n'ont jamais réellement choisi leur métier ? Ils ont fait les bonnes études pour lesquelles ils étaient programmés depuis leur classe de CP. Ils ont fait les bons stages « qu'il faut faire », même s'ils n'étaient pas du tout intéressés. Ils ont dit oui aux propositions d'embauche « parce que cela ne se refuse pas »... et ils se retrouvent derrière un ordinateur, dans une tour d'un quartier d'affaires, à faire des tableaux Excel toute la journée. Attention, je ne dis pas que ces métiers sont inutiles. Les défis relevés peuvent être passionnants, mais je ne peux m'empêcher de me poser la question : avons-nous laissé nos jeunes vraiment libres ?

Chers parents, êtes-vous prêts à encourager votre enfant à un vrai discernement sur ses talents, ses grands désirs, ses aspirations ? Proposez-vous l'étendue des possibles à chacun de vos enfants ou mettez-vous dès le départ de côté des métiers qui ne seraient pas « nobles » ou « raisonnables » ? Êtes-vous prêts à partager les choix audacieux de vos enfants, s'ils sont bien discernés et mûris ? Oserez-vous transmettre le goût de l'audace ? Une minorité qui s'accroche à son niveau de vie au détriment de sa capacité d'engagement ne va pas durer longtemps.

Il y a, aussi bien dans l'enseignement public que dans l'enseignement privé, un vrai lieu d'apostolat et de mission pour nous. Quand on voit le nombre d'heures que passe un jeune en salle de classe, on se dit que le choix du professeur qui est en face de lui, qui va lui parler toute une année, qui va le suivre au quotidien, n'est pas neutre du tout. Et même s'il ne faut pas confondre enseignant et catéchiste, l'impact que peut avoir un chrétien qui se montre un excellent professeur dans sa matière, peut être déterminant pour la construction des jeunes qui lui sont confiés. C'est tout aussi vrai pour l'encadrement, au sens large, de ces jeunes : surveillants, CPE, équipes de direction. La formation de la jeunesse de notre pays se joue aussi, et beaucoup, dans nos écoles. Les chrétiens ne peuvent en être absents. Les parents ne peuvent s'en désintéresser.

Les médias et la culture

Un autre lieu de transmission que les catholiques ont déserté est celui de la culture, des arts et des médias. Là encore, une mauvaise image de ces métiers explique ce désintérêt. Mais nous le payons cher!

Les métiers de l'art et de la culture sont en effet essentiels pour la promotion de la conception que nous avons de l'être humain. Il suffit de voir comment tous les basculements sociétaux ont été préparés bien en amont. Où sont les artistes et chanteurs chrétiens, capables de faire chanter et danser toute une génération sur des paroles qui portent et élèvent? Où sont les comédiens, acteurs et producteurs, les réalisateurs et les metteurs en scène qui sauront par le théâtre, le cinéma ou la télévision éveiller au sens du beau, du bien, du vrai et transmettre un message d'espérance? Il y en a déjà, bien sûr, et je les admire. Ils sont courageux, car souvent bien seuls à double titre: dans leur milieu professionnel, ils sont bien seuls à se dire chrétiens ou à porter ces convictions. Dans le milieu catholique, ils sont souvent tout aussi seuls à comprendre l'enjeu de leur vocation et à être sensibles au service qu'ils rendent à la société. Plutôt que nous plaindre de la pauvreté de certaines productions, du message parfois très orienté de certaines séries, du scandale de certaines œuvres, mettons autant d'énergie à encourager ce qui se fait de bien et ceux qui ont l'audace de se lancer dans ce domaine. Ils prennent des risques, ils ont souvent un grand désir de transmettre le feu qui les habite à travers ces métiers. Qu'ils se sentent compris et accompagnés ! Et que d'autres les rejoignent, toujours avec une exigence d'excellence.

Quant aux médias… beaucoup d'entre nous se plaignent, là encore ! Avec la politique, les médias sont sans doute ceux qui font le plus les frais du « tous pourris ». Il me semble qu'il y a une certaine paresse, y compris dans l'Église, à se contenter de dénoncer l'hostilité des médias sans jamais se remettre en cause.

Pour avoir un peu appris à travailler avec eux, avec mes amis et confrères du Padreblog, et dans le cadre de mes fonctions à la Commission éthique et politique de mon diocèse, je peux affirmer qu'il n'y a pas de complot médiatique contre l'Église et ses membres. Ni même une « cathophobie » généralisée. Bien sûr, je ne suis pas dupe : l'hostilité existe bien chez certains journalistes, d'ailleurs plus militants que journalistes dans leur façon de travailler. Tous ne sont pas honnêtes intellectuellement et certains ne peuvent s'empêcher de laisser transparaître leur vieux contentieux avec l'institution catholique. Mais pour l'essentiel, il y a une certaine honnêteté, une bonne volonté même, mais surtout un immense manque de culture religieuse !

Les journalistes ressemblent à la société. Ils en sont le reflet. Elle est déchristianisée ? Ils le sont aussi. Elle est marquée par le courant libertaire et le relativisme ? Ils le sont aussi. On peut certes leur demander d'acquérir cette culture religieuse, surtout pour ceux qui sont amenés à commenter l'actualité politique, sociale, religieuse, et même internationale. Comment comprendre aujourd'hui les conflits de ce monde, ou l'actualité de notre pays, sans avoir la moindre culture religieuse ? Le fait religieux est omniprésent. Mais encore une fois, cela n'avance pas à grand chose d'accuser « les autres ». D'autant plus que, là encore, nous sommes aussi responsables.

Si les médias tombent souvent dans les caricatures ou les *a priori* sur les catholiques, c'est en effet parce que beaucoup de journalistes manquent de culture religieuse et ne connaissent pas réellement l'Église, mais c'est aussi parce que l'Église ne les connaît pas et ne cherche pas forcément à se faire connaître. Nous n'avons pas encore – au moins dans l'Église qui est en France – vécu pleinement notre révolution culturelle sur ce point, même s'il y a des progrès évidents. Le problème, c'est que nous méprisons bien souvent tout ce qui touche à la com' et aux médias.

Il y a aussi de notre part un manque de culture médiatique et bien souvent une méfiance, voire même une hostilité réelle. Ce que nous reprochons, nous n'en sommes pas indemnes. Ce n'est pas acceptable, si nous avons la réelle intention de compter dans ce monde et d'y avoir une influence. On ne peut pas négliger cette tribune qu'offrent les médias, qui permet de s'adresser non pas aux centaines de paroissiens du dimanche, mais aux centaines de milliers, voire aux millions d'auditeurs ou de téléspectateurs. Comment invoquer le devoir d'aller vers les périphéries, de parler à ceux qui ne mettent pas les pieds à l'église, d'être ouvert à tous, et ne faire aucun effort réel pour travailler avec l'appareil médiatique tel qu'il est ?

L'armée française pourrait être un bon exemple. Pendant tout un temps, cette institution militaire a vu d'un mauvais œil le moindre journaliste. Les médias étaient considérés comme forcément hostiles, il fallait s'en préserver et tout leur cacher. Cette hostilité devenait alors réciproque. Et il suffit de dire à un journaliste qu'on ne veut pas lui parler pour attiser sa curiosité ! L'armée a changé son fusil d'épaule, c'est le cas de le dire. Plutôt que de considérer le journaliste comme un ennemi, apprenons à travailler avec lui, tissons un lien de confiance. Apprenons à nous en servir.

Aujourd'hui, toute opération militaire prend en compte cet aspect médiatique. Sur les opérations, l'armée permet aux journalistes de faire leur travail d'information en comprenant leurs besoins, et en échange, ils acceptent de respecter le secret qui leur est demandé sur tel ou tel aspect sensible, et font leur boulot de façon (généralement) responsable. Quand la confiance est réciproque, tout le monde y gagne. Et cela s'en ressent sur ce que les médias racontent de l'armée, et donc sur l'image qu'elle a dans la population.

Certains évêques, certains prêtres et certains laïcs ont compris cela. Mais beaucoup d'autres sont encore réticents. La grande peur, c'est la polémique médiatique. Elle paralyse tout le monde. C'est absurde! Si on ne prend pas le temps de connaître les journalistes, de comprendre leurs attentes et leurs besoins, si on met des heures à répondre à leurs demandes d'interview, si on ne leur répond pas du tout, si on est dans la défiance permanente, si on n'a pas une communication proactive, capable d'aller vers eux pour leur proposer des sujets, pour leur donner des informations, pour leur rendre service sur le décryptage de l'actualité… alors, effectivement, on reste sur la défensive. Dans ce cas, l'Église risque de ne communiquer que lorsqu'elle est mise en cause, sur des affaires sordides ou sur des polémiques pénibles qu'elle n'a pas choisies. Elle ne parle que pour se défendre, et comme elle ne forme en plus pas grand monde pour cela, elle se défend souvent mal. L'impact est dramatique.

Au contraire, l'Église a des atouts à faire valoir et sur lesquels communiquer : un message stable et solide depuis 2000 ans, une sagesse qui touche les intelligences bien au-delà des pratiquants ou des croyants, un pape qui a une audience formidable, des œuvres de charité au service de tous… Bien sûr, elle ne sera pas toujours comprise. Bien sûr, elle restera un signe de contradiction pour le monde, tant qu'elle est fidèle à la radicalité de l'Évangile. Bien sûr, sa parole sera du coup parfois clivante… comme celle du Christ ! Mais le monde attend ça !

Les gens n'en peuvent plus de l'eau tiède qu'on leur sert, de ce consensus mou qui ne fait grandir personne ! La parole de l'Église peut interpeller les consciences les plus endurcies, toucher les cœurs les plus fermés. L'Église doit reprendre toute sa place dans le débat public. Il lui faut prendre les moyens pour que sa parole ne soit pas seulement entendue mais qu'elle ait du poids ! Le message que nous portons nous dépasse, nous sommes bien plus attendus que nous ne le pensons. Alors pourquoi avoir peur ? Pourquoi si peu investir ce lieu-là ? Pourquoi négliger ces tribunes médiatiques ?

Je connais les risques invoqués pour justifier les réticences à y aller : on se grille vite sous le feu des projecteurs. On dérape vite au micro ou sur Twitter. On prend vite la grosse tête. Et dans l'Église, on a peur de cela, plus que tout. On a une culture du collectif et c'est une chance. Mais ce message chrétien qui fait notre joie, il a pourtant besoin, dans une société médiatique, de s'incarner à travers des figures. Plutôt que d'avoir peur de voir émerger telle ou telle figure de prêtre, d'évêque ou de laïc, formons-les et accompagnons-les ! Ce n'est pas parce que ce milieu est risqué qu'il faut le déserter.

Depuis quand refuse-t-on une mission en raison des risques qu'elle présente ? Il suffit de les connaître et de s'y préparer : travail d'équipe, obéissance à l'évêque, vie de prière, enracinement humain, formation et devoir de compétence. Ensuite, il faut y aller en gardant sa liberté. Sinon, ne nous plaignons pas qu'on parle de nous en mal, si nous laissons la chaise vide. Les catholiques ont une vraie part de responsabilité dans la façon dont on parle d'eux. Sur ce point précis, l'abbé Amar, un de mes confrères du Padreblog, a poussé la réflexion jusqu'au bout dans son ouvrage *Le nouveau presbytère*[43] où il souhaite à l'Église de vivre sa « Pentecôte médiatique ». Ceux qui s'intéressent au sujet de la communication pourront s'y référer avec intérêt.

L'autre enjeu, comme pour l'enseignement, c'est d'encourager les jeunes catholiques à investir les métiers de l'information. Cela suppose qu'au début l'on soit prêt à accepter de faibles salaires, voire même une certaine précarité, tant il est difficile de percer ou d'obtenir aujourd'hui un CDI. Cette mission d'informer et de

43. Pierre AMAR, *Internet, le nouveau presbytère*, Éditions Artège, 2016.

recherche la vérité des faits est pourtant noble, elle devrait susciter notre intérêt. L'influence qu'on exerce vite sur ceux qui nous lisent ou nous écoutent n'est pas neutre. Comment la laisser toujours à d'autres ? C'est à la fois un lieu de transmission, de témoignage et de pouvoir. Il est temps de le réinvestir, à la suite de quelques-uns, courageux, qui ont ouvert la voie.

La politique

Ah ! La politique ! À part la liturgie, je ne sais pas si un autre sujet suscite autant de passions chez les catholiques ! Je ne vais pas être long et partager simplement quelques intuitions.

Faut-il faire de la politique quand on est catholique ? Nous en faisons déjà tous. À partir du moment où nous vivons dans ce monde, où nous y sommes envoyés, nous sommes concernés par la vie de ce monde, son organisation, ses institutions et ses lois. C'est notre quotidien, nous ne pouvons nous en désintéresser. La politique ne se réduit ni aux élections, ni à l'engagement partisan. Faire de la politique, c'est s'intéresser aux affaires de la cité. Et pour un chrétien, cela doit être naturel tant le souci du bien commun est au cœur de nos préoccupations. L'engagement associatif dans son immense diversité, les mobilisations citoyennes (pour la vie, pour la famille et tant d'autres !), la solidarité…, tout cela relève de la politique au sens large du terme. Ne l'oublions jamais !

Ne réduisons pas non plus trop vite la politique partisane à sa dimension nationale. La grande majorité des élus sont des élus locaux. Qu'ils soient de droite ou de gauche, on ne peut que reconnaître le véritable dévouement de beaucoup d'entre eux. Au-delà des querelles de clochers, s'occuper comme conseiller municipal, maire adjoint ou maire d'un village, d'une petite ville ou d'une ville plus grande est bien souvent de l'ordre du sacerdoce ! On ne fait ça ni pour l'argent, ni pour la gloire. Cela prend beaucoup de temps d'être au service du quotidien des administrés.

La politique locale est d'ailleurs une bonne façon de commencer un engagement politique. Il est bon d'être un élu enraciné dans un territoire, qui connaît la « vraie vie » des « vrais gens ». Là encore, cela permet d'éviter l'idéalisme qui s'en tient aux belles idées, sans faire l'effort de les incarner. Notre conception de l'homme et de sa dignité, la primauté donnée aux plus petits…, comment cela vient-il éclairer une politique de la ville et du logement ? Comment cela vient-il éclairer une politique du quotidien ? Les subventions à décider, les constructions à lancer, les lampadaires à changer, les aides sociales à accorder, la tournée des poubelles à rationaliser, le budget à voter, les activités périscolaires à promouvoir, l'offre culturelle à renouveler, les petits commerces à protéger, les entreprises à attirer..., voilà de quoi entrer dans le concret de la politique! Voilà de quoi incarner notre idée du bien commun!

Le discrédit jeté sur la classe politique dans son ensemble n'est pas juste et les chrétiens ne peuvent l'alimenter. Si certaines grandes figures nationales ont scandalisé les Français par leur attitude, leurs reniements et leurs mensonges, on ne doit pas oublier tous ces élus locaux qui sont pour beaucoup de « bons et fidèles serviteurs ». La politique locale est un vrai lieu de service que les chrétiens peuvent et doivent investir en force. Sur le terrain, on ne fait pas semblant : l'action porte du fruit, on touche à la vie concrète des personnes, on est à leur contact. C'est un engagement qui est à la portée de beaucoup et qui reste une belle façon de servir, aux côtés de nos frères et sœurs croyants ou non, en apprenant à travailler ensemble pour un bien qui nous est commun.

Autre intuition : cessons de rêver à une classe politique qui serait parfaite. Elle aussi est à l'image de notre société. Les cathos sont souvent très durs avec les politiques. Peu trouvent grâce à leurs yeux, car beaucoup ne semblent pas avoir des convictions très solides. Ce qui m'étonne, pour ma part, c'est qu'on perde encore du temps à s'en étonner! Une fois que le constat de la fragilité des convictions de nos politiques est posé, que fait-on ?

Il y a trois solutions. La première est d'attendre le « Messie ». Or, il est déjà venu. Nous cesserons d'être déçus de nos politiques quand nous cesserons d'attendre d'eux la perfection qu'on ne peut attendre que du Messie lui-même ! À entendre certains, le candidat idéal qui pourrait mériter leur vote devrait pourtant en avoir toutes les qualités. Il devrait être le sauveur ! Ne nous trompons pas de sauveur... sous peine d'être éternellement déçus, après avoir idolâtré tel ou tel. Nos politiques sont des hommes et des femmes comme nous, bien pécheurs. Ils ont toutes nos faiblesses. Et le milieu dans lequel ils évoluent n'est pas réputé pour les atténuer !

Arrêtons ce regard immature qui rêve d'un monde politique parfait, exempt de toutes les médiocrités humaines qu'on retrouve partout ailleurs. Cela ne veut pas dire qu'il faille renoncer à exiger une certaine exemplarité de nos élus. Mais ayons aussi un peu de bienveillance et de miséricorde pour ces hommes et ces femmes qui ont souvent beaucoup sacrifié pour exercer leurs fonctions – tant au niveau personnel que familial – et qui sont dans un environnement d'une violence impressionnante. Soyons simplement lucides et admettons qu'il leur faudrait un certain héroïsme pour se montrer toujours à la hauteur, surtout sans avoir toujours la foi ni des convictions ancrées profondément. Or il est rarement facile d'être un héros ! Restons exigeants avec eux, mais aussi encourageants.

Nous sommes très forts pour critiquer, pétitionner, dénoncer. Avons-nous déjà une seule fois écrit pour remercier notre député, quelle que soit sa couleur politique ? Pour l'encourager sur tel vote ? Pour le féliciter d'une prise de position courageuse? Ne croyez pas que nos élus soient insensibles à tout cela. Ils passent leur temps à être vilipendés par la presse, ils sont en permanence sous pression, ils ne gèrent bien souvent que des rapports de force, ils sont confrontés à la colère ou au désespoir de leurs administrés... Des encouragements, des remerciements, des propositions de service ne laissent personne insensible. Nous n'imaginons pas le poids que nous pouvons ainsi avoir. Un député qui reçoit dix lettres pour l'encourager sur un sujet y sera attentif. Cela peut même devenir le sujet de sa semaine. Il en parlera à Paris lors de la réunion de son groupe parlementaire.

Voter à contre-courant, prendre la parole dans les médias pour défendre courageusement une position minoritaire, porter nos convictions sur la place publique : tout cela demande beaucoup de force, tant la pression médiatique peut être violente et le prix à payer très cher. Montrons à nos élus que nous restons certes exigeants avec eux, mais que nous savons aussi les encourager et les remercier quand ils se montrent à la hauteur de leur fonction. Ils seront d'autant plus solides s'ils se sentent portés et soutenus. Ne sommes-nous pas tous un peu comme cela ?

La deuxième solution est d'investir leur entourage. La faiblesse des convictions de beaucoup de responsables politiques de premier plan nous fait prendre conscience de l'importance du rôle de ceux qui les entourent. C'est bien souvent ceux-là qui vont exercer une influence majeure sur l'orientation du candidat, du ministre ou de l'élu. En grande partie, le vrai pouvoir se trouve là. Les cabinets ministériels, les attachés parlementaires, les équipes de campagne travaillent le fond, quand les têtes d'affiche n'en ont guère le temps. Il y a donc là un vrai lieu à investir, pour y servir. Loin des projecteurs, mais proche de ceux qui décident.

Encore une fois, il n'est pas question de faire du communautarisme. Nous n'y allons pas pour servir nos intérêts particuliers de catholiques. S'il y en avait, j'aimerais bien d'ailleurs savoir lesquels ! Nous y allons pour servir notre pays, en servant le bien commun, éclairés par l'anthropologie qui est la nôtre et les convictions qui nous animent. C'est là que se préparent les lois, là que se font les nominations, là qu'on fixe le cap pour les années qui viennent, là qu'on cherche des solutions aux difficultés de notre pays. C'est aussi là qu'on accompagne le ministre, le maire, le député, le candidat et qu'à défaut de le rêver parfait, on peut essayer de le convaincre du bienfait de telle ou telle proposition. Bien sûr, dans cette situation, vous ne remporterez pas tous les arbitrages. Bien sûr, vous devrez parfois avaler des couleuvres et frémir en entendant votre président de région, votre ministre, votre sénateur ou député, votre maire défendre une idée loin de ce que vous aviez préconisé, ou dire parfois des énormités. Mais je suis toujours heureux de savoir que dans l'entourage de telle ou telle figure de premier plan il y a des chrétiens solides, construits, capables de penser et d'influer. Partout où se trouve un chrétien engagé, il y a la possibilité pour nos convictions de rayonner. Et je crois que cela se fera pour le bien de tous.

Ce service n'est pas facile, il peut s'apparenter parfois à de la survie en milieu hostile ! Il y a aussi des lignes rouges de compromission à ne pas dépasser. Il faut se les fixer. Il faut avoir la prudence de se laisser accompagner et aider. Mais ce n'est pas parce que c'est risqué qu'il faut renoncer. Ce point-là devrait aussi faire partie de nos critères de discernement à l'occasion des élections. La question n'est pas seulement « quel candidat je fais accéder au pouvoir », mais bien « À quel entourage je donne par mon vote l'accès aux lieux de décision. » Un candidat peut ne pas se démarquer beaucoup de ses concurrents par ses convictions. Mais il peut être un peu mieux entouré qu'un autre, ou permettre de faire émerger des profils précieux pour le pays.

La troisième solution est tout simplement… de prendre leur place ! Quand j'étais en classe prépa, nous avons eu un aumônier dramatique. Ce prêtre a vraiment scandalisé et blessé pas mal d'élèves par son attitude et ses paroles souvent provocatrices. Je pense avec du recul qu'il avait un réel problème avec la doctrine catholique.

Depuis quelque temps, je pensais secrètement à la vocation sacerdotale. Il y avait du coup deux solutions : soit ce prêtre me dégoûtait du sacerdoce, et j'envoyais balader toute idée de vocation ; soit il finissait de me convaincre, bien malgré lui, de m'engager pour tenter de faire mieux ! Je pensais cela bien sûr avec l'orgueil et en même temps la fougue de mes dix-huit ans… Mais cette année-là, quatre de mes camarades et moi-même sommes entrés dans les ordres. À la grande surprise du *Padre* en question !

Il en va de même pour la politique. Déçus par la médiocrité ou la faiblesse d'une partie de la classe politique, soit on en reste au dégoût, soit on s'engage pour faire mieux ! C'est évidemment ceci qui me semble le plus constructif. Vous trouvez qu'ils n'ont pas le niveau ? Eh bien, cela ne doit donc pas être trop difficile de prendre leur place… allez-y ! C'est souvent à ce moment-là de la discussion que j'entends l'objection du système et des partis politiques. Cela rendrait impossible aux cathos que nous sommes de progresser ou de prendre des responsabilités. Du coup, certains rêvent régulièrement de la création du nouveau parti idéal… celui qui, soyons réalistes, sera abonné au 1 % à chaque résultat d'élection. Ce n'est pas la peine, et je ne suis pas certain que cela serve la cause ! Sans doute qu'un jour le système actuel s'écroulera. Sans doute que les frontières partisanes actuelles seront modifiées. En attendant, il faut apprendre à utiliser le système tout en restant libres.

Le *Compendium de la doctrine sociale de l'Église* explique que l'appartenance à un parti ne peut être que critique. Aucun parti n'est idéal. Et aujourd'hui, plus que jamais, on voit bien qu'au sein d'un même parti les convictions sont très diverses. Le parti politique n'est qu'un moyen au service de notre engagement. La question est donc : quel parti va me permettre de servir, avec les convictions qui sont les miennes ? Lequel va donner une place à ce que je suis et à ce que je porte ? Sans attendre que tout le parti soit sur la même ligne, il suffit qu'il me permette de défendre ce que je crois. Si le parti peut me demander une certaine loyauté, il ne pourra jamais exiger que je renonce à ma liberté de conscience, en particulier sur les sujets à forte valeur éthique et morale. Dans chaque parti, nous connaissons des élus qui ont su garder leur liberté intérieure et parfois même prendre position ou voter contre la majorité de leurs collègues. Voici ce que dit le Magistère sur cette question si sensible :

> « Un domaine particulier de discernement pour les fidèles laïcs concerne le choix des instruments politiques, à savoir l'adhésion à un parti et aux autres expressions de la participation politique. Il faut effectuer un choix cohérent avec les valeurs, en tenant compte des circonstances effectives. En tout cas, tout choix doit être enraciné dans la charité et tendre à la

> recherche du bien commun. Les requêtes de la foi chrétienne sont difficilement repérables dans un unique groupement politique : prétendre qu'un parti ou une mouvance politique correspond complètement aux exigences de la foi et de la vie chrétienne engendre de dangereuses équivoques. Le chrétien ne peut pas trouver un parti qui corresponde pleinement aux exigences éthiques qui naissent de la foi et de l'appartenance à l'Église : son adhésion à une formation politique ne sera jamais idéologique, mais toujours critique, afin que le parti et son projet politique soient encouragés à créer les conditions propices à la réalisation du véritable bien commun, y compris la fin spirituelle de l'homme[44]. »

Notons que l'Église encourage les catholiques à la fois à adhérer à une formation politique tout en gardant leur liberté de conscience, et à faire en sorte de peser de l'intérieur pour peu à peu influer sur la ligne du parti. Voilà ce qui me semble essentiel. Un catholique isolé ne pèse pas grand chose. Mais nous avons été plusieurs centaines de milliers dans la rue pour défendre la famille en 2013. Même si on en reste aux chiffres discutables du préfet de police de l'époque, nous étions plus nombreux

44. *Compendium de la doctrine sociale de l'Église,* n°573.

que tous les adhérents de tous les partis actuels[45] ! Autant dire que nous pourrions peser sur n'importe quelle primaire ou prendre n'importe quelle fédération locale... Pourquoi avons-nous tant de mal à croire à notre capacité de changer le cours des choses ?

Certains évoquent même le « complot maçonnique » pour justifier notre incapacité à peser... Arrêtons ce discours victimaire ! Je n'ai certes aucune illusion sur les efforts des francs-maçons pour s'opposer à toute influence de l'Église dans la sphère publique. Je connais la nocivité de leur idéologie et la puissance de leurs réseaux. Il en est de même pour les autres *lobbies*. C'est une raison de plus pour être meilleurs qu'eux ! Le bien que nous poursuivons dépasse infiniment toutes leurs idéologies. À nous simplement de nous montrer aussi convaincus et engagés qu'eux. À nous de faire preuve d'excellence, pour nous rendre indispensables ! À nous de convaincre, par notre capacité d'engagement et de mobilisation, par la force de nos idées ! Des catholiques convaincus ont déjà prouvé qu'on pouvait être élu sans se renier, y compris au niveau national. D'autres travaillent aux côtés de responsables de premier plan. D'autres ont commencé à s'impliquer au sein de tel ou tel parti, en y prenant assez vite des responsabilités. Je veux leur rendre hommage ici.

---

45. Pour les trois principaux partis : en septembre 2014, le PS revendiquait 160 128 adhérents, les Républicains 175 900 en 2015, et le FN 51 551. Source : article du *Monde* de Samuel Laurent, 22 septembre 2015.

Dans ce monde politique, je crois plus que jamais qu'avoir un *corpus* de convictions solide et stable sera un atout pour affronter les temps difficiles. En situation de crise, on se tourne vers ceux qui ont un cap à proposer et une cohérence à partager. Les chrétiens doivent être au rendez-vous, avec réalisme, lucidité et conviction. N'attendez pas que le système s'effondre pour vous engager. Car même s'il s'effondrait, il nous faudra pour reconstruire compter sur des chrétiens qui auront acquis de l'expérience dans le gouvernement d'une ville, d'une région, d'un pays.

Il me semble enfin qu'un autre effort pour nous catholiques est de toujours plus devenir une force de proposition. Nous savons nous opposer à ce qui va dans le mauvais sens. Nous savons dénoncer le mal. Il nous faut aussi faire le bien. Passer du mode contestataire au mode « attestataire ». Il y a un vrai travail à faire sur les idées. Comment traduire en propositions concrètes notre conception de la vie, de l'être humain, du bien commun, de la solidarité ? Comment incarner tout cela dans des amendements, des projets de loi ou un projet de campagne ? Comment prouver que notre réflexion et nos convictions peuvent concrètement éclairer ceux qui ont à prendre des décisions ? Il y a là un véritable effort à faire. Effort dans la réflexion et la production d'idées (par des *think tanks*, des publications, des colloques…) mais aussi pour rendre l'Église plus visible et plus réactive dans le débat public auprès de nos décideurs.

La force de l'Église, c'est sa liberté et la gratuité de son intention : elle se considère au service de tous, de ce bien qui nous est commun, de ce qui nous rassemble. Du coup, elle peut s'adresser à tous, tout en restant elle-même. Avec quelques confrères, nous avons monté un petit cercle de prêtres pour rencontrer « en *off* » des décideurs politiques de premier plan, de droite comme de gauche. Ils accueillent tous avec intérêt l'idée de ces rencontres un peu gratuites et en confiance, pour enfin parler du fond et prendre du recul.

Le grand drame de beaucoup d'entre eux est de ne pas avoir le temps de penser le fond et de travailler les idées. Le « court termisme » médiatique fait des ravages. On en reste aux solutions techniques, aux postures, aux slogans pour avoir quelque chose à annoncer, à répliquer ou à dire. Comme il est précieux du coup pour l'Église de savoir prendre la parole, accompagner, éclairer et rencontrer ! Combien doit-elle y consacrer encore plus du temps et des moyens !

J'ose une dernière suggestion. Quels que soient les choix des uns et des autres, que les catholiques cessent de se diviser et passent moins de temps à s'invectiver mutuellement ! Dans la recherche des solutions aux défis économiques et politiques que notre pays affronte, il faut accepter qu'il y ait un certain pluralisme. Sur beaucoup de sujets, l'Église ne donne que des éléments de discernement, des points d'attention assez généraux. Pour le reste, elle fait confiance à l'intelligence de chacun pour juger et discerner. Elle ne condamnera aucun parti, mais seulement des idées ou des lois soutenues par tel ou tel parti. Elle ne donnera pas de consignes de vote pour ou contre un candidat, mais proposera des critères de discernement à partir desquels chacun pourra évaluer les programmes. L'Église rappellera à tous l'importance de certains sujets (respect de la vie, respect et soutien de la famille, attention aux plus pauvres, liberté d'éducation...) afin qu'ils tiennent une place effective dans notre discernement. Son objectif est de mettre ces sujets au cœur du débat public et d'y rendre la société attentive. C'est tout. En ce sens, l'Église n'infantilise pas ses fidèles ni les citoyens du pays, mais en appelle aux consciences et à la capacité de chacun à réfléchir.

Les consignes de vote, les excommunications médiatiques et les jugements faciles à la mode ? L'Église n'aime pas ça. De même qu'elle refusera toujours de se laisser instrumentaliser par un parti ou un candidat qui voudrait se réclamer d'elle. Elle veut rester libre, pour continuer de s'adresser à tous avec la même exigence. Elle veut rester au service de tous, et jamais d'un seul clan. Sa liberté de parole agace, mais c'est bon signe ! Le pouvoir en place – qu'il soit de droite ou de gauche – s'énerve parfois, selon les sujets sensibles pour chaque majorité, mais il ne la fera jamais taire.

Que les catholiques gardent la même liberté intérieure ! Qu'ils aient le goût de la vérité, avant la logique de parti. Qu'ils puissent se réjouir de ce que le camp d'en face propose de bien, et le soutenir. Qu'ils aient le souci du bien commun et non de leur camp. Qu'ils soient capables de se retrouver au-delà de leurs étiquettes partisanes pour défendre ensemble ce qui touche à ces points fondamentaux : vie, famille, solidarité, identité, éducation… Le *Compendium* fait ce rappel aux catholiques engagés en politique (§ 574) :

> « "Personne n'a le droit de revendiquer d'une manière exclusive pour son opinion l'autorité de l'Église" : il faut plutôt que les croyants "cherchent à s'éclairer mutuellement, qu'ils gardent entre eux la charité et qu'ils aient avant tout le souci du bien commun". »

Un chrétien doit bien choisir un camp pour s'engager. Mais il sait que ce camp n'est pas sacré. Attention à ne pas absolutiser ce qui ne l'est pas. Cessons les anathèmes entre frères chrétiens de partis différents. À tous ceux qui sont engagés en politique, je le redis : au-delà des idées que vous défendrez, la façon même de les défendre sera aussi un témoignage pour ceux qui vous regardent. Les chrétiens peuvent et doivent contribuer à réhabiliter la politique, en la vivant réellement comme ce qu'elle devrait toujours rester : un service, et même « la plus haute forme de la charité », comme l'ont souvent rappelé les papes.

L'Église

On pourrait trouver étonnant d'évoquer ce dernier lieu d'engagement, dans un livre qui s'adresse plutôt aux laïcs engagés dans le monde. Mais, nous l'avons vu tout au long de ces lignes, laïcs et consacrés ont besoin les uns des autres. Les clercs n'ont pas vocation à s'engager directement dans la société mais à accompagner le discernement, soutenir et encourager ceux dont c'est la mission. Une Église réduite aux consacrés serait démunie pour mettre en œuvre l'Évangile au cœur de ce monde. Attention à ne pas l'oublier : en parlant de l'Église, les fidèles catholiques oublient trop souvent qu'ils en font aussi partie ! Ils en parlent comme quelque chose d'extérieur à eux-mêmes et réclament souvent d'elle qu'elle soit plus comme ceci ou plus courageuse sur cela. Mais vous êtes, nous sommes aussi l'Église ! Quand des catholiques s'engagent, prennent la parole, s'impliquent, ils engagent aussi d'une certaine façon et en partie l'Église. C'est d'ailleurs une responsabilité grave : parce que nous sommes catholiques, nous représenterons toujours plus que nous-mêmes. Le bien mais aussi le mal que nous pouvons faire seront attribués à l'Église, aux catholiques dans leur ensemble. Paradoxalement, le monde attend encore des cathos qu'ils soient d'une certaine façon exemplaires. Dans les critiques qui nous sont faites, il y a souvent comme une sorte de regret et une déception qui s'expriment. Celles-ci peuvent sembler injustes, car « catholiques » n'est pas synonyme de « parfaits ». Mais on comprend l'attente et même l'espérance qu'il y a derrière. Cela doit nous encourager. Nous serons jugés plus durement si nous sommes des contre-exemples, mais positivement cela signifie que, dans l'esprit du grand public, « les catholiques » incarnent encore quelque chose, un ensemble de valeurs positives.

Les clercs ont besoin des laïcs pour incarner ce message de l'Évangile au cœur de la société. Mais l'inverse est aussi vrai : vous nous dites souvent combien, en tant que laïcs engagés dans le monde, vous avez besoin du soutien, de la prière et de l'accompagnement des consacrés. Attention : il ne s'agit pas de vous infantiliser ! Il faut que les laïcs gardent leur liberté d'initiative, sans tout attendre des évêques ou de leurs curés. Inventez, entreprenez, créez ! Je me réjouis de voir ce qui surgit dans l'Église en ce moment, toutes ces initiatives qui viennent parfois bousculer nos vieilles structures, nos habitudes et nos étiquettes. Forcément ça fait un peu râler, ça inquiète, « ça interpelle » comme on dit dans notre jargon. Mais tant mieux ! Nos évêques seront là ensuite pour discerner et accompagner, en jugeant l'arbre à ses fruits[46].

Mais il est vrai que les consacrés sont indispensables pour nous soutenir. D'abord on ne dira jamais assez le rôle caché mais essentiel des contemplatifs. Au Ciel, nous découvrirons ce que nous devons à ces moines et moniales qui portent le monde dans leur prière. La fécondité de nos engagements leur doit beaucoup. N'hésitons pas à confier ce que nous entreprenons à tel ou tel monastère. Nos contemplatifs – même s'ils sont retirés du monde – restent bien au cœur du monde par la prière. Leur prière est concrète, ils intercèdent et participent à leur place à cette grande bataille spirituelle qui se joue à travers l'histoire. Leur rôle est aussi de nous préserver de l'activisme en nous rappelant l'importance de la vie de prière, comme source de toute fécondité. Il faudrait que chacun de nous ait ainsi « une base arrière », une abbaye dans laquelle il puisse venir se ressourcer vingt-quatre heures ou quelques jours, après des périodes d'engagement intense ou pour se préparer à des échéances importantes. *Idem* pour les couples et les familles. Ces oasis ou ces phares si précieux

46. J'en profite d'ailleurs pour rendre grâce pour mon propre évêque, Mgr Éric Aumonier, que j'ai sans doute souvent inquiété par tant de nouveaux projets, notes et idées un peu originales ! J'admire sa capacité à faire confiance, à se laisser convaincre, à accepter le risque, à me défendre et à me protéger aussi sans doute, sans toujours que je le sache… Je le remercie aussi de savoir parfois dire « non », après discernement ! Je lui dois beaucoup. J'associe à ces remerciements ses vicaires généraux successifs, et sa directrice de la communication…

que sont les monastères de notre pays ne doivent pas disparaître!

Les religieux et religieuses apostoliques, les prêtres de paroisse, les évêques vous encouragent, eux, dans le quotidien. J'ai conscience qu'il nous faut le faire toujours mieux et plus, tant ce qu'on vous demande relève parfois de l'héroïsme! Nous avons trop souvent péché par excès de prudence ou par peur de cliver. Nous ne nous sommes pas toujours engagés à vos côtés dans les grandes batailles autant qu'il l'aurait fallu. Il est vrai que notre mission est aussi de faire la communion entre tous, d'où notre crainte de parfois diviser en prenant clairement position... Mais le Christ lui-même a été un signe de contradiction. Sa prédication a divisé, parfois très fortement. Il n'était pas un adepte du consensus mou... et cela lui a valu de finir sur une croix. Dans une société française sécularisée, la parole de l'Église viendra forcément se confronter parfois durement à d'autres façons de penser. Il ne s'agit pas de vouloir cliver pour cliver. Ni de choquer ou scandaliser gratuitement car nous aurions oublié la charité vis-à-vis des personnes. Il s'agit d'accepter que parler à la suite du Christ, au nom même de l'Évangile, ne pourra jamais nous épargner ce que lui-même a vécu: l'hostilité d'un certain nombre, l'incompréhension, les trahisons, les foules qui un jour vous acclament et le lendemain se détournent, etc. Une parole qui va toucher les cœurs peut en même temps en détourner d'autres. Les papes de ces dernières décennies en sont un bon exemple. Ils ont marqué des générations, ils ont tous été en même temps très attaqués. Bref, nos évêques et nous, prêtres, connaissons ce risque. Il nous faut avoir le courage de l'assumer, pour ne pas renoncer à une parole forte qui puisse vous offrir un cap, un élan, un enthousiasme dans vos engagements. Plus que jamais, les catholiques ont besoin de pasteurs, prêtres et évêques, qui soient à la fois des pères et des chefs. Un père montre le chemin, encourage et accompagne. Il fait grandir avec exigence et relève avec miséricorde. Un chef parle avec autorité dans la tempête, il donne du courage. En le regardant tenir debout et en l'écoutant nous exhorter, on se relance dans la bataille, on persévère dans l'effort, on traverse les pires tempêtes. Dans cette barque ballottée par les flots à laquelle ressemble souvent l'Église, dans les tempêtes que notre monde peut essuyer, dans cette société qui connaît des bouleversements religieux et culturels profonds, notre regard se tourne naturellement vers nos pères dans la foi. Nous avons besoin de grands évêques qui soient visionnaires, qui soient capables de consoler, d'encourager, d'affermir le peuple de Dieu dans la foi, l'espérance et la charité. Des chefs qui donnent envie de les suivre, qui osent et qui parlent avec audace. Plus que jamais, notre société déboussolée cherche des figures d'autorité et de sagesse, à la parole libre et forte. Nos évêques ont là un rôle déterminant à jouer. On attend d'eux un cap à tenir. Ce sont eux qui nous exhortent à l'engagement. Ce sont eux qui nous donneront le courage et l'énergie de nous impliquer dans la bataille, aussi bien nous, simples prêtres, que vous, laïcs. Comme des pères, ils veilleront sur ceux qui se lancent, et sauront trouver les paroles de reconnaissance et de réconfort pour tous ceux qui s'impliquent au service du bien commun, au prix parfois de lourds sacrifices ou de blessures . Il faut prier pour nos évêques ! Leur parole est attendue, parfois même plus qu'ils ne le pensent. Ils ne peuvent pas tout faire à eux seuls et portent déjà tellement ! Mais ils ont à donner le ton, à transmettre l'audace, à encourager au nom même de ce qu'ils sont : successeurs des apôtres ! Il faut que les évêques redeviennent pleinement des personnages de premier plan dans la vie du pays et pas seulement dans l'Église. Il faut qu'on les voie et qu'on les entende. Comme autant de prophètes, de témoins et de pères pour une société qui en manque cruellement. Personne n'est indifférent à la parole d'un évêque. Surtout pas les non-croyants, ni les pouvoirs publics, ni les gouvernants !

Il en est de même pour les prêtres, « pères du quotidien » pour tous les fidèles. Ils sont là avant toute autre chose pour vous donner Dieu ! Rien de moins… Osez leur demander ce pour quoi ils sont devenus prêtres ! Vos prêtres ont d'abord donné leur vie pour vous donner la Vie ! La vie éternelle, et dès ici-bas la vie de la grâce, à travers les sacrements. Leurs mains sont faites pour bénir. Leur voix pour vous redire les paroles de

Jésus, pour consacrer et pardonner, pour prêcher aussi la Vérité qui libère. Avec tous mes confrères, je vous en prie : demandez-nous d'abord ce pour quoi nous sommes faits ! C'est ainsi que vous nous garderez heureux dans notre sacerdoce.

Vu les enjeux évoqués dans ce livre, il me semble important que le ministère d'accompagnement personnel soit désormais une priorité pour nous, prêtres. Il l'est déjà pour beaucoup. Les jeunes mais aussi les moins jeunes ont besoin de ce soutien paternel, disponible, encourageant. Non seulement pour discerner leur vocation, mais aussi pour l'accomplir dans la durée en gardant la même générosité que dans les débuts, ce qui n'est pas le plus facile. On ne dira jamais assez la grâce, en particulier pour les jeunes qui se construisent, d'avoir à leurs côtés des prêtres qui soient de vrais pères spirituels, éducateurs et hommes accomplis.

Au-delà de leur service paroissial, au-delà de l'accompagnement des fidèles, les prêtres d'aujourd'hui gardent eux aussi un rôle essentiel dans la société. Le curé de paroisse, en particulier, incarne dans la ville cette présence de l'Église. Il reste une autorité morale pour les habitants, croyants ou non. Les élus ne s'y trompent pas : le curé est un interlocuteur précieux, qui partage avec eux cet intérêt pour le bien commun. Il a une véritable influence et dans les drames que peuvent vivre les habitants de la commune, il devient un repère et un roc autour duquel on se rassemble. Dans la société elle-même, le prêtre ne laisse pas indifférent. C'est « l'homme de Dieu » qui ouvre à la transcendance et porte une certaine espérance. Là encore, sa parole est attendue, quand elle n'est pas démagogique ni brumeuse mais accessible, franche et claire. Dans un pays de mission, il faut des prêtres au cœur d'apôtre !

Voilà pourquoi je ne peux terminer ce livre sans un appel à s'engager dans les rangs des consacrés ! Les familles de demain, les chrétiens engagés de demain, et ceux qu'il faudra continuer de réveiller, ceux et celles qui grandiront sans qu'on leur ait parlé du Christ – et ce sera l'immense majorité –, les générations qui viennent auront besoin de consacrés, elles auront besoin de prêtres à leurs côtés ! Comment nos jeunes d'aujourd'hui pourraient rester insensibles devant ces églises qui se taisent pour toujours à la mort de leur dernier curé ? Comment ne pas réagir devant ces foules laissées sans berger, ces lycées sans aumônier, ces jeunes sans *Padre* pour les encourager à croire, aimer et se donner ! Comment pourriez-vous rester craintifs ou hésitants devant l'immense tâche de reconstruction, de redressement, de renouvellement qui vous attend aussi dans nos diocèses de France ? Comment pourriez-vous déserter ou renoncer si le Seigneur vous appelait à devenir ses apôtres, ces pères dont le monde a tant besoin, ces éducateurs que la jeunesse réclame pour lui apprendre la joie du don, ces témoins capables d'entendre la soif d'absolu que chacun porte, ces prêtres capables d'y répondre en offrant de vivre l'aventure de la foi ? Qui baptisera demain ? Qui pourra vous libérer du poids de vos péchés et portera une part de votre fardeau ? Qui préparera au mariage ceux qui veulent construire sur du roc ? Qui donnera Jésus à ceux qui ont faim de sa présence ? Qui éveillera le désir de Dieu dans les cœurs des plus petits ? Qui ramènera les pécheurs en leur faisant découvrir la Miséricorde ? Qui proclamera l'Évangile par sa parole et par ses actes, avant de l'expliquer et d'en faire pour tous l'inspiration de nos existences ? Qui sera à vos côtés au soir de votre vie, pour vous préparer à retourner à la maison du Père ? Qui consolera vos proches en leur parlant de la communion des saints et de la vie éternelle ? Qui sera demain le signe de la présence, de la tendresse et de la miséricorde de Jésus pour vous ? Qui priera pour le monde ? Qui aidera Jésus à le sauver ?

Certes, tous ne sont pas appelés. Le choix de Dieu reste son mystère et sa liberté. Mais soyez prêts, chers jeunes, à vous rendre disponibles. On peut avoir plein d'autres projets dans son cœur, y compris celui – ô combien magnifique – de fonder un jour une famille. Mais n'ayez pas peur de prendre les moyens de discerner véritablement votre vocation, avec loyauté et confiance. Vous avez tout à y gagner : vous ne serez jamais aussi solides dans vos engagements, quels qu'ils soient, que si vous avez la calme certitude d'être là où Dieu vous a voulus et appelés. Et si jamais au cours de vos études, ou malgré d'autres projets professionnels ou personnels, le Seigneur venait à vous faire comprendre qu'il vous appelait… S'il mettait un jour dans votre cœur ce désir de servir Dieu et ce monde par votre vie donnée et consacrée… Si, avec l'aide de l'Église, vous en arriviez à discerner que votre vocation est de tout quitter pour « donner votre vie, en rançon pour la multitude »… Alors n'hésitez pas ! Donnez-vous ! « Il n'y a pas de plus grand amour que de donner sa vie pour ceux qu'on aime[47] »… il n'y a pas de plus grande joie non plus, je vous le promets ! Ce n'est pas l'assurance d'une vie facile, certes. Mais existe-il des vies faciles ? Je m'étonne toujours de ces parents qui voudraient épargner à leurs enfants une vocation consacrée « trop difficile aujourd'hui ». Pensent-ils vraiment qu'ils sont faits pour offrir une vie facile à leurs enfants ? La vie d'un couple ou d'une famille est-elle vraiment facile si on veut être saint ? Pensent-ils qu'il puisse exister aujourd'hui dans notre société une vie facile pour un chrétien authentique et missionnaire ? Nous ne sommes pas faits pour une vie facile, mais pour une vie donnée. Tous ! D'une façon ou d'une autre. Comme le chemin qui nous entraîne vers les sommets, cette vie sera escarpée, avec des passages plus faciles et d'autres bien plus éprouvants… mais elle ne sera pas sans joie ! La joie se mêle à la peine et à l'effort sur le chemin des cimes. Toujours ! Mais surtout… ce

47. Jean 15,13.

chemin, cette vie nous prépare à la joie du sommet, qui seule pourra nous combler !

Une dernière précision sur la vocation de prêtre. Certains l'envisagent parfois de façon très négative, uniquement sous l'angle du sacrifice. On comprend alors qu'elle puisse faire peur à un garçon doué, plein de charismes et de talents. Comme si cette vocation allait éteindre ou brider tout le potentiel que ce jeune peut porter. Comme si devenir prêtre voulait dire renoncer à une vie pleine dans laquelle on puisse accomplir son humanité. Cette idée est absurde, mais elle fait beaucoup de mal. Beaucoup en effet craignent du coup que cette « tuile » de la vocation leur tombe sur la tête ! Certains ont même peur de suivre une retraite ou de prendre les moyens habituels de discernement… et peu finalement acceptent de se poser tout simplement et loyalement la question. Dieu pourtant ne peut se contredire. Les talents qu'Il a donnés ne l'ont pas été par hasard. Il sait ce qu'Il fait et saura s'en servir. L'Église ne demande pas au jeune qui entre au séminaire de refouler ce qu'il est, de nier ce qu'il a reçu, d'enfouir ses talents et ses dons. Ce ne serait pas fidèle à l'Évangile. Au contraire, l'Église va offrir à ce jeune l'occasion de mettre ce qu'il a reçu et ce qu'il est au service de la mission. Le goût d'entreprendre, le charisme de la parole, le *leadership*, les aptitudes à la communication, la capacité à travailler en équipe, l'esprit créatif, l'audace et l'imagination, la capacité de travail ou d'analyse, etc., il ne s'agira pas d'y renoncer, mais bien de s'en servir si on a reçu tout ou une partie de cela ! On a besoin de prêtres avec ces talents, si précieux pour conduire une communauté ou mener des projets d'évangélisation. La vie du prêtre n'est pas d'abord un renoncement, mais bien un don ! Et s'il y a des choix exigeants, c'est toujours au service d'un plus grand amour, d'une autre forme de don. Voilà pourquoi ni le célibat, ni le renoncement à une carrière ne sont vécus comme des frustrations. Ils participent au contraire à notre joie de prêtre. Nous savons ce que nous avons donné à Jésus pour le suivre. Il nous a comblés en retour. Le jeune homme riche de l'Évangile a eu peur de tout donner. Il est reparti tout triste… Il avait l'impression de « tout perdre » en disant oui, il aurait au contraire tout gagné… et en premier lieu la joie de ceux qui se découvrent choisis, malgré leur pauvreté, pour la plus haute mission : servir « la gloire de Dieu et le salut du monde » !

POUR CONCLURE

Il est temps de terminer ce petit livre.

Je serais heureux si vous en sortiez encouragés, avec la certitude que notre mission est belle en ce monde. Rude mais belle ! Pour reprendre une expression du Père François Potez, à qui je dois tant, l'état d'âme du chrétien en ce monde est par excellence « la grave allégresse ». Dans nos cœurs de chrétiens, la gravité et l'enthousiasme sont indissociables. Les larmes et l'action de grâce sont mêlées. La croix et la joie ne peuvent être séparées. C'est la grave allégresse du chrétien. Gravité devant les épreuves que ce monde et chacun de nous traversent, devant les enjeux de cette grande bataille entre le bien et le mal qui se joue à travers nos vies et dans l'histoire, devant la grandeur de notre mission et son urgence. Allégresse et joie en même temps devant la confiance que Dieu nous fait, la certitude de sa présence à nos côtés, la fécondité qu'il donne à nos efforts et nos engagements. La vie reste belle, la vivre de façon donnée et engagée demeure notre joie. Face aux drames de ce temps, notre joie ne pourra jamais être insouciante. Mais nos peines ne pourront jamais être sans espérance ; elles resteront éclairées par la joie qu'elles annoncent et préparent.

Je n'ai aucune leçon à donner. Je suis assez émerveillé par l'engagement, la générosité, la fidélité de tant de chrétiens, de familles, de confrères… pour savoir que je suis le premier à devoir progresser ! Bien souvent, ce sont ceux que j'essaye de servir qui me tirent vers le haut… Je suis aussi un pauvre comme chacun de vous, bien conscient de mes limites et de mes faiblesses. Je peux simplement témoigner que nos pauvretés ne sont pas un obstacle définitif à l'action de Dieu. « C'est dans tes faiblesses que ma puissance donne toute sa mesure[48] » dit même le Seigneur à saint Paul ! Aussi, que rien ne nous décourage. Surtout pas nos faiblesses. Ne nous étonnons pas d'en avoir, malgré notre bel idéal. Elles nous maintiennent humbles et nous rappellent que nous avons besoin de Dieu et de sa miséricorde. Rien de grand ne se fait sans combat ! Que ces combats ne nous inquiètent pas. Appuyons-nous d'autant plus sur les sacrements, sur l'Église, sur nos frères et sœurs chrétiens, sur de vrais amis. Ne perdons pas trop de temps à compter nos blessures, à nous en lamenter, à y patauger. Confions-les au Bon Dieu et avançons ! Ne perdons pas trop de temps non plus à nous lamenter du mal qu'on nous fait, ou qui se fait dans le monde. Pleurons-le avec le Seigneur, mais tirons-en surtout

48. 2 Corinthiens 12, 9.

le désir ardent d'y répondre en faisant le bien. Comme s'il fallait rééquilibrer la balance… À nos péchés, au mal, aux blessures du passé, il nous faut répondre inlassablement par plus de bien. En aimant encore plus et encore mieux. En donnant tout ! Qu'au soir de notre vie, nous puissions simplement dire au Seigneur : « Je suis un pauvre, mais je me suis bien battu… Tu sais tout, tu sais que je t'aime ! »

Que rien ne nous décourage… et surtout pas les cyniques de tout poil, les désabusés, les aigris et les blasés ! Nous en trouverons toujours sur notre route pour justifier leurs échecs en nous reprochant d'y croire encore ! Le démon du « À quoi bon ? » qu'évoquait Bernanos est redoutable lorsqu'il se présente sous les traits de certains proches ! Repoussez-le avec vigueur. Que rien ne nous fasse douter de la fécondité de notre vie, si elle est d'une façon ou d'une autre donnée et mise au service d'un Autre en servant les autres. Que rien ne nous décourage, et surtout pas l'hostilité des uns – ils comprennent le bien que nous faisons et cela les agace ! – ou l'indifférence des autres. Tout cela cache parfois une soif qui n'ose pas encore se dire. Saint Paul a commencé par persécuter les chrétiens avant de devenir ce grand saint et ce martyr qui nous enseigne… Qui l'aurait imaginé ? Dieu n'a pas terminé de nous surprendre ! Ne l'oublions pas…

Ce monde nous attend, il nous est confié. Nous partageons ses blessures, nous entendons sa soif, nous comprenons le désir de Jésus de le sauver. Rien ne nous fera déserter une si belle mission. Ni dilution, ni crispation ! Les temps nous pressent au contraire de ne pas avoir peur, comme nous le disait saint Jean-Paul II. L'époque nous demande d'être ces « témoins décomplexés » souhaités par Benoît XVI, la situation nous entraîne à quitter le balcon pour l'action, selon les mots du pape François !

Ce n'est pas une vie tranquille que l'Évangile nous propose. Mais nous ne sommes pas faits pour une vie tranquille ! Nous sommes faits pour une vie donnée, offerte, engagée… « sans compter, sans chercher le repos, sans souci des blessures », comme le chante la prière scoute !

Alors, mes amis, que rien ne nous décourage, et que notre joie demeure !

Car il nous suffit d'être pleinement et généreusement ce que nous devons être, et nous mettrons le feu au monde…

Car toute vie est belle et porte du fruit, quand elle est engagée…

Car... « La victoire est certaine ! »

Abbé Pierre-Hervé Grosjean

Saint-Cyr-l'École
15 janvier 2016, en la fête de Saint Remi,
Année jubilaire de la Miséricorde.

Merci à l'Abbé Pierre Amar
pour son précieux travail de relecture.

LIRE POUR APPROFONDIR

Jean-Paul II, *Mémoire et Identité*, Flammarion, 2005

Card. Ratzinger, *Valeurs pour un temps de crise*, Parole et Silence, 2005

Card. Ratzinger, *L'Europe, ses fondements aujourd'hui et demain*, Éditions Saint Augustin, 2005

Compendium de la Doctrine Sociale de l'Église, Libreria editrice vaticana 2004

Pape François, *La joie de l'Évangile*, Bayard/Fleurus/Mame/Cerf, 2013

Parmi les derniers livres parus, on pourra avec intérêt lire ceux-ci :

François-Xavier Bellamy, *Les déshérités ou l'urgence de transmettre*, Plon 2014

Pierre Amar, *Internet, le nouveau presbytère*, Éditions Artège, 2016

Matthieu Rougé, *l'Église n'a pas dit son dernier mot*, Robert Laffont, 2014

Catholiques, engageons-nous !

Marie-Dominique Humbrecht, *Éloge de l'action politique,* Parole et silence, 2015

Fabrice Hadjadj, *L'aubaine d'être né en ce temps*, Éditions de l'Emmanuel, 2015

Jean Sévillia, *La France catholique*, Michel Lafon, 2015

Table des matières

Achevé d'imprimer par
ISI Print,
en avril 2016
N° d'imprimeur : 120662

Dépôt légal : avril 2016

Imprimé en France